# WEHELKA MUSLIMKA

*Qayb ka mid ah*
*Ducooyinka Muhiimka u ah*
*Qofka Muslimka ah*

**DR. CABDULLAAHI XASAN FAARAX**
**(SANCAANI)**

Looh Press
2024

**LOOH PRESS LTD**.
Copyright © Dr. Cabdullaahi Xasan Faarax "Sancaani" 2024
Dhowran © Dr. Cabdullaahi Xasan Faarax "Sancaani" 2024
First Edition, First Print July 2024.
Soo Saariddii 1aad, Daabacaaddii 1aad Julaay 2024.

All rights reserved.
Xuquuqda oo dhammi way dhawrantahay.

Buuggan dhammaantiis ama qayb ka mid ah sina loo ma daabici karo loo mana kaydsan karo elegtaroonig ahaan, makaanig ahaan ama hababka kale oo ay ku jirto sawirid, iyada oo aan oggolaansho laga helin qoraaga. Waa sharci-darro in buuggan la koobbiyeeyo, lagu daabaco degellada internetka, ama loo baahiyo si kasta oo kale, iyada oo aan oggolaansho laga helin qoraaga ama cid si la caddayn karo ugu idman maaraynta xuquuqda.
Wixii talo ama falcelin ah ka la xiriir qoraaga:
sancaani2@gmail.com

**PRINTED BY:**
Looh Press Ltd.
56 Lethbridge Close
Leicester, LE1 2EB
England. UK
www.LoohPress.com
LoohPress@gmail.com

**DISTRIBUTED BY:**
IQRA BOOKSTORE.
M: +16145000626
E: Sancaani2@gmail.com
W: IqraBookStore.com

ARRAHMA BOOK SHOP
Birmingham, UK
M: +447735426821

BARAKO BOOK CENTRE
Birmingham, UK.
T: +447878883182.

AL-AMAN BOOK SHOP
London, UK
M: +447534668418

MAKTABADDA ASSUNNAH
Muqdisho, Soomaaliya
M: +252618848400

*Cover design & typeset by:*     Looh Press (Kusmin)

ISBN: 978-1-912411-73-3     (Paperback)

# FURAHA
# EREY-GEDDINTA

| | | |
|---|---|---|
| (ع) = ʾ. (1) | (ا) = aa / AA. | (ب) = (b / B. |
| (ت) = t / T. | (ث) = th / TH. (2) | (ج) = (j / J. |
| (ح) = x / X. | (خ) = kh / KH. | (د) = (d / D. |
| (ذ) = ḋ / Ḋ. (3) | (ر) = r / R. | (ز) = (z / Z. (4) |
| (س) = s / S. | (ش) = sh / SH. | (ص) = (ṣ / Ṣ. (5) |
| (ض) = ḍ / Ḍ. (6) | (ط) = ṭ / Ṭ. (7) | (ظ) = (ẓ / Ẓ. (8) |
| (ع) = c / C. | (غ) = gh / GH. (9) | (ف) = (f / F. |
| (ق) = q / Q. | (ك) = k / K. | (ل) = (l / L. |
| (م) = m / M. | (ن) = n / N. | (ه) = (h / H. |
| (و) = w / W. | (ي) = (y / Y / ii / II | |

QAABKA LOOGU DHAWAAQO EREYADA AF CARABIGA GAAR U AH:

1. ʾ = (ع) waa dhawaaq hakasho sida Goʾ.
2. TH/th = (ث) waa dhawaaq ah th sida thaqaafah.
3. Ḋ/ḋ = (ذ) waa dhawaaq u dhow d beder sida Maḋhab.
4. Z/z = (ز) waa dhawaaq u dhow S sida Zahra.
5. Ṣ/ṣ = (ص) waa dhawaaq u dhow S sida Ṣaalax.
6. Ḍ/ḍ = (ض) waa dhawaaq u dhow d (ḍ) sida Ḍuxaa.
7. Ṭ/ṭ = (ط) waa dhawaaq u dhow dh-da sida Ṭabarii.
8. Ẓ/ẓ = (ظ) waa dhawaaq u dhow d sida daalin ee ẓaalim/ẓulm.
9. GH/gh = (غ) waa dhawaaq u dhow q-da sida cilmi qayb Ghayb.

بِسْمِ اللَّهِ الرَّحْمَنِ الرَّحِيمِ

*Waxaan Ku billaabi
Magaca Eebbe,
Naxariistaha,
Naxariista badan*

# TUSMADA

**FURAHA**
**EREY-GEDDINTA** ................................................................ vii
Mahad Celin ................................................................... xix
**HORDHAC** ................................................................... xxi

**QAYBTA KOOWAAD** ........................................................... 1
Ducooyin Guud & Adkaar marar khaas ah la akhristo ................ 1
أَدْعِيَةٌ عَامَّةٌ وَأَذْكَارٌ خَاصَّة ........................................................... 1

1. Ducada Galidda suuliga iyo ka soo bixiddiisa
(دُعَاءُ دُخُولِ الْخَلَاءِ وَالْخُرُوجِ مِنْهُ) ........................................... 2

2. Ducada la aqristo marka musqusha laga soo baxo
(دُعَاءُ الْخُرُوجِ مِنَ الْخَلَاءِ) .................................................. 2

3. Ducada Weyso qaadashada
(الْوُضُوء) ..................................................................... 2

4. Ducada weyso qaadashada kaddib
(الدُّعَاءُ بَعدَ الْوُضُوءِ) ........................................................ 2

5. Ducada Dhar xirashada
(دُعَاءُ لُبْسِ الثَّوْبِ) .......................................................... 3

6. Ducada Dharka Cusub
(دُعَاءُ لُبْسِ الثَّوْبِ الْجَدِيْدِ) .................................................. 3

7. Ducada loogu duceeyo qofka dharka cusub xirta
(الدُّعَاءُ لِمَن لَبِسَ ثَوْبًا جَدِيدًا) ............................................... 4

8. Ducada dhar iska dhigista
(الذِّكْرُ عِنْدَ وَضعِ الْمَلَابِس) ................................................ 4

9. Ducada Gelidda Guriga
(الذِّكْرُ عِنْدَ الْخُرُوجِ مِنَ الْمَنْزِل) ............................................. 5

10. Ducada ka bixidda Guriga
(الذِّكْرُ عِنْدَ الدُّخُولِ الْمَنْزِل) ................................................. 5

11. Ducada Marka Gaadiidka La Raacayo
(دُعَاءُ الرُّكُوْب) .............................................................. 5

12. Ducada marka Masjidka la aadayo
(دُعَاءُ الذِهَابِ إِلَى المَسْجِدِ) .................... 6
13. Ducada Ka bixidda masjidka
(دُعَاءُ الخُرُوجِ مِنَ المَسْجِدِ) .................... 7
14. Ducada Galidda masjidka
(دُعَاءُ دُخُولِ المَسْجِدِ) .................... 7
15. Ducada Aadaanka
(أَذكَارُ الأَذَانِ) .................... 8
16. Ducada Furfurashada Salaadda
(دُعَاءُ الإِسْتِفتَاحِ) .................... 9
17. Ducada rukuucda la akhriyo
(دُعَاءُ الرُكُوعِ) .................... 9
18. Ducada kasoo kicidda rukuucda
(دُعَاءُ الرَفعِ مِنَ الرُكُوعِ) .................... 10
19. Ducada Qunuutka witriga
(دُعَاءِ قُنُوتِ الوِترِ) .................... 11
20. Ducada Sujuudda
(دُعَاءُ السُجُودِ) .................... 12
21. Ducada fadhiga udhexeeya labada sujuudood
(دُعَاءُ الجَلسَةِ بَينَ السَجدَتَينِ) .................... 13
22. Ducada sujuudu tilaawada (Aqrinta)
(دُعَاءُ سُجُودِ التِلاوَةِ) .................... 13
23. Attaxiyaatka
(التَشَهُّدُ) .................... 14
24. Salliga Nabiga (S.C.W)
(الصَلاةُ عَلَى النَبِيِّ ﷺ بَعدَ التَشَهُّدِ) .................... 15
25. Ducada la aqristo Attaxiyaadka danbe kaddib
(الدُعَاءُ بَعدَ التَشَهُّدِ الأَخِيرِ قَبلَ السَلامِ) .................... 15
26. Ducooyinka Salaadda kaddib
(الأَذكَارُ بَعدَ الصَلاةِ) .................... 16
27. Ducada Salaadda Is-tikhaarada
(دُعَاءُ صَلاةِ الإِستِخَارَةِ) .................... 18
28. Adkaarta Aroortii Iyo Galabtii
(أَذكَارُ الصَبَاحِ وَالمَسَاءِ) .................... 19

29. Adkaarta Hurdada
(أَذْكَارُ النَّوْمِ) .................................................. 22
30. Ducada marka hurdada laga tooso
(الذِّكْرُ عِنْدَ الْإِسْتِيْقَاظِ مِنَ النَّوْمِ) .................................................. 24
31. Ducada saska Hurdada
(دُعَاءُ الْفَزَعِ فِي النَّوْمِ) .................................................. 25
32. Muxuu samayn qofkii qarow la soo kaca
(مَا يَفْعَلُ إِذَا كَانَ يَفْزَعُ فِي مَنَامِهِ) .................................................. 25
33. Ducada gad-gadóonka hurdada
(الدُّعَاءُ إِذَا تَقَلَّبَ لَيْلًا) .................................................. 25
34. Ducada hammiga iyo Murugada
(دُعَاءُ الْهَمِّ وَالْحُزْنِ) .................................................. 26
35. Argagaxa
(الرُّعْبِ) .................................................. 27
36. Ducada kurbada iyo walwalka
(دُعَاءُ الْكَرْبِ) .................................................. 27
37. Ducada deynta loo aqristo
(دُعَاءُ قَضَاءِ الدَّيْنِ) .................................................. 28
38. Ducada qofka wax ku cuslaadaan
(دُعَاءُ مَنِ اسْتَصْعَبَ عَلَيْهِ أَمْرٌ) .................................................. 28
39. Ducada waswaaska Salaada iyo kan Qur'aanka
(دُعَاءُ الْوَسْوَسَةِ فِي الصَّلَاةِ وَالْقُرْآنِ) .................................................. 29
40. Ducada shaydaanka laga aqristo
(دُعَاءُ طَرْدِ الشَّيْطَانِ وَوَسَاوِسِهِ) .................................................. 29
41. Adkaarta qofka shaki ka galo Iimaanka
(دُعَاءُ مَنْ أَصَابَهُ شَكٌّ فِي الْإِيْمَانِ) .................................................. 29
42. Ducada uu oranayo ama falayo qofka danbi ka dhaco
(مَا يَفْعَلُ أَوْ يَقُولُ مَنْ وَقَعَ عَلَى الذَّنْبِ) .................................................. 30
43. Ducada uu oranayo qofka dad ka cabsada
(مَا يَقُولُهُ مَنْ خَافَ قَوْمًا) .................................................. 31
44. la kulanka cadawga
(دُعَاءُ لِقَاءِ الْعَدُوِّ) .................................................. 31
45. Ducada qofka ka cabsada gardarrada suldaanka
(دُعَاءُ مَنْ خَافَ مِنْ ظُلْمِ السُّلْطَانِ) .................................................. 32

46. Habaaridda cadawga
(الدُّعَاءُ عَلَى الْعَدُوِّ) .................................... 32

47. Ducada qofka ay ku dhacdo arrin uusan jeclayn
(الدُّعَاءُ حِيْنَمَا يَقَعُ مَا لَا يُحِبّ) .................... 33

48. Ducada qofka dhibaato ku dhacdo
(دُعَاءُ مَنْ أَصِيبَ بِمَصِيبَة) ........................ 33

49. Ducada booqashada bukaanka
(دُعَاءُ زِيَارَةِ الْمَرِيض) ............................ 33

50. 50- Ducada xanuunada xun-xun
(الدُّعَاءُ مِنْ سَيِّءٍ الْأَسْقَام) ........................ 34

51. Ducada bukaanka quustay
(دُعَاءُ الْمَرِيض الَّذِي يَئِسَ مِنْ حَيَاتِه) ............. 34

52. Ducada uqabashada shahaadada qofka sakaraadaya
(تَلْقِينُ الْمُحْتَضَر) .................................. 34

53. Ducada meydka marka lagu tukanayo
(الدُّعَاءُ لِلْمَيت فِي الصَّلَاةِ عَلَيه) ................. 35

54. Ducada marka meydka xabaasha ama qabriga la gelinayo
(الدُّعَاءُ عِنْدَ إِدْخَالِ الْمَيِّت فِي الْقَبْر) ....... 36

55. Ducada dasidda meydka kaddib
(الدُّعَاءُ بَعْدَ الدَّفْن الْمَيِّت) ................... 36

56. Ducada loogu tacsiyeeyo Ehelka Meydka
(الدُّعَاءُ فِي تَعْزِّيَة أَهل الْمُتَوفَّ) ............. 37

57. Ducada booqashada xabaalaha
(دُعَاءُ زِيَارَةِ الْقُبُور) ............................ 37

58. U hambalyaynta waalidka ilmo udhasheen
(تَهْنِئَةُ الْوَالِد لِلمَوْلُود الْجَدِيدِ) ............. 38

59. Ducada xirsi xirka ( shaydaan ka xijaabida ilmaha yar)
(مَا يُعَوَّذُ بِهِ الأَوْلَاد) ........................... 38

60. Ducada Billoowga Cuntada la aqriyo
(الدُّعَاءُ قَبْلَ الطَّعَام) .............................. 39

61. Ducada Marka cuntada la dhameeyo
(الدُّعَاءُ عِنْدَ الْفَرَاغ مِن الطَّعَام) ............. 39

62. Ducada marki la arko miraha qaybta usoo hor baxda.
(الدُّعَاءُ عِندَ رُؤْيَة بَاكُورَةِ الثَّمْر) ............ 40

63. Ducada Marti gelinta
   (دُعَاءُ الضَّيْفِ لِلْمُضِيفِ) .................................................. 40
64. Ducada Afurka
   (الدُّعَاءُ عِنْدَ إفْطَارِ الصَّائِمِ) .................................................. 40
65. Ducada markii guri kale laga afuro
   (الدُّعَاءُ إذَا أَفْطَرَ فِي بَيْتِ غَيْرِ بَيْتِهِ) ........................................ 41
66. Ducada Hindhisada
   (دُعَاءُ الْعَطَاسِ) ........................................................... 41
67. Ducada Carada
   (دُعَاءُ الْغَضَبِ) ............................................................ 42
68. Ducada qofkii arka qof la ibtileeyay
   (دُعَاءُ مَنْ رَأَى مُبْتَلِى) ...................................................... 42
69. Ducada fadhiga dhamaadkiisa
   (كَفَّارَةُ الْمَجْلِسِ) .......................................................... 42
70. Ducada qofka abaal wanaagsan kuu gala
   (الدُّعَاءُ لِمَنْ صَنَعَ إِلَيْكَ مَعْرُوفًا) ............................................. 43
71. Ducada qofkii ku yiraahda "Allaha kuu denbi dhaafo"
   (الدُّعَاءُ لِمَنْ قَالَ غَفَرَ اللهُ لَكَ) ............................................ 43
72. Ducada qofka kugu yiraahda "Allaha ku barakeeyo"
   (الدُّعَاءُ لِمَنْ قَالَ بَارَكَ اللهُ فِيكَ) ........................................... 43
73. Ducada qofka kuu soo bandhigey hantidiisa
   (الدُّعَاءُ لِمَنْ عَرَضَ عَلَيْكَ مَالَهُ) ............................................ 44
74. Ducada Arooska ( qofka guursada)
   (الدُّعَاءُ لِلْمُتَزَوِّجِ) .......................................................... 44
75. Ducada Qofka Guursaday iyo kan Gaadiidka Gatay
   ((دُعَاءُ الْمُتَزَوِّجِ وَشِرَاءِ الدَّابَّةِ)) .............................................. 44
76. Ducada la seexashada xaaska
   (الدُّعَاءُ قَبْلَ إتْيَانِ الزَّوْجَةِ) .................................................. 45
77. Ducada Safarka
   (دُعَاءُ السَّفَرِ) ............................................................. 45
78. Ducada musaafirku ugu ducaynayo qofka negi
   (دُعَاءُ الْمُسَافِرِ لِلْمُقِيمِ) ..................................................... 46
79. Ducada qofka negi ugu ducaynayo kan safraya
   (دُعَاءُ الْمُقِيمِ لِلْمُسَافِرِ) ..................................................... 46

80. Ducada galidda magaalada
(دُعَاءُ دُخُولِ الْقَرْيَةِ أَوِ الْبَلْدَةِ) ............ 47

81. Ducada markii meel la dago
(الدُّعَاءُ إِذَا نَزَلَ مَنْزِلًا فِي السَّفَرِ أَوْ غَيْرِهِ) ............ 47

82. Ducada galidda suuqa
(دُعَاءُ دُخُولِ السُّوقِ) ............ 48

83. Mahad Celinta
(الشُّكْرُ) ............ 48

84. Ducada haddii wax aad dhibsato kugu yimadaan
(مَا يَقُولُ مَنْ أَتَاهُ أَمْرٌ يَكْرَهُهُ) ............ 48

85. Haddii la maqlo qeylada diiqa iyo qaaqda Dameerka
(سَمَاعُ صِيَاحِ الدِّيكِ وَنَهِيقِ الْحِمَارِ) ............ 49

86. Ducada marká la maqlo cida Eeyaha iyo Dameeraha habeenkii.
(نِبَاحُ الْكِلَابِ وَالْحَمِيرِ بِاللَّيْلِ) ............ 49

87. Ducada qofka Jirkiisa xanuun ka dareema
(مَا يَقُولُ مَنْ أَحَسَّ وَجَعًا فِي جَسَدِهِ) ............ 50

88. Ducada marka xoolaha la gowracayo
(مَا يَقُولُ عِنْدَ الذَّبْحِ أَوِ النَّحْرِ) ............ 50

89. Ducada Dabaysha
(دُعَاءُ الرِّيَاحِ) ............ 50

90. Ducada Onkodka
(دُعَاءُ الرَّعْدِ) ............ 51

91. Ducada Roob-doonka
(مِنْ أَدْعِيَةِ الْإِسْتِسْقَاءِ) ............ 51

92. Ducada markuu Roobku soo muuqdo
(الدُّعَاءُ إِذَا رَأَى الْمَطَرَ) ............ 52

93. Dikriga markuu Roobku da'o kaddib
(الذِّكْرُ بَعْدَ نُزُولِ الْمَطَرِ) ............ 52

94. Dikriga, haddii laga baqo Roobka badnaantiisa
(الْخَوْفُ مِنَ الْمَطَرِ الْغَزِيرِ) ............ 52

95. Ducada bilashada Bisha
(دُعَاءُ رُؤْيَةِ الْهِلَالِ) ............ 53

96. Al-baaqiyaatus saalixaat
(الْبَاقِيَاتُ الصَّالِحَاتُ) ............ 53

97. Fadliga Albaaqiyaatus saalixaat
(فَضْلُ التَّسْبِيحِ وَالتَّحْمِيدِ وَالتَّهْلِيلِ وَالتَّكْبِيرِ) .................................................. 54

98. Duco fadli iyo ajar badan
فَضْلُ مَن قرأَ هَذَا الدُّعَاءِ بَعشرِ مَرّات ........................................................ 54

99. Labo erey oo miizaanka Aakhiro kordhiya
(كَلِمَتَانِ ثَقِيلَتَانِ فِي الْمِيزَانِ) ............................................................. 55

100. kanziga ama kaydka Jannada
(كَنْزُ الْجَنَّةِ) ............................................................................ 55

101. Fadliga Isitighfaarta iyo Tawbada
( فضل الاسْتِغْفَارِ وَالتَّوْبِ) ................................................................ 56

102. Ducooyinka Xajka iyo Cumrada
أَدعِيَةٌ وأَذكَارُ الحَجِ والعُمرَةِ ............................................................ 56

103. Ducada gelidda masjidka ama Xaramka
دُعَاءُ دُخُولِ المَسجِدِ أو عِند دُخُولِ الحَرَمِ .................................................. 57

104. Ducada marka dawaafka la bilaabayo
الدُّعَاءُ عِند بَدءِ الطَوَافِ ................................................................. 58

105. Ducada inta udhaxaysa Ruknul-yamaaniga iyo Xajarul-aswadka
(الدُّعَاءُ بَينَ الرُّكنِ اليَمَانِي وَالحَجَرِ الأَسوَدِ) ............................................. 58

106. Talbiyada Qofka Xajka ama Cumrada Xirtay
تلبية المحرم في الحج أو العمرة .......................................................... 58

107. Labada rakco ee dawaafka
(رَكْعَتَي الطَوَافِ) ........................................................................ 59

108. Ducada Sacyiga "Marwa & Safwa"
دُعَاءُ السَّعيِ ............................................................................. 59

109. Ducada Maalinka Carafo
(دُعَاءُ يَومِ عَرَفَةَ) ......................................................................... 60

110. Ducada Ramyiga (dhagax tuurista)
الدُّعَاءُ عِند رَمْي الجِمَارِ ................................................................. 61

111. Ducooyin guud oo xajka lagu ducaysto
أَدعِيَةٌ عَامَّةٌ تُقَالُ فِي الحَجِّ أو العُمرَةِ ..................................................... 61

## QAYBTA LABAAD ................................................................................. 71

Ducooyinka Qur'aanka Ku Jira ............................................................. 71

أَدعِيَةٌ مِن القُرآنِ الكَرِيمِ ................................................................... 71

| | |
|---|---|
| 1. سُورَةُ الْفَاتِحَة | 72 |
| 2. سُورَةُ الْبَقَرَة | 72 |
| 3. سُورَةُ آلِ عِمْرَان | 73 |
| 4. سُورَةُ النِّسَاء | 75 |
| 5. سُورَةُ الْأَعْرَاف | 75 |
| 6. سُورَةُ يُونُس | 76 |
| 7. سُورَةُ هُود | 76 |
| 8. سُورَةُ إِبْرَاهِيم | 77 |
| 9. سُورَةُ الْإِسْرَاء | 77 |
| 10. سُورَةُ الْكَهْف | 77 |
| 11. سُورَةُ مَرْيَم | 78 |
| 12. سُورَةُ طه | 78 |
| 13. سُورَةُ الْأَنْبِيَاء | 78 |
| 14. سُورَةُ الْمُؤْمِنُون | 79 |
| 15. سُورَةُ الْفُرْقَان | 79 |
| 16. سُورَةُ الشُّعَرَاء | 80 |
| 17. سُورَةُ النَّمْل | 80 |
| 18. سُورَةُ الْقَصَص | 81 |
| 19. سُورَةُ الْعَنْكَبُوت | 81 |
| 20. سُورَةُ غَافِر | 81 |
| 21. سُورَةُ الدُّخَان | 82 |
| 22. سُورَةُ الْأَحْقَاف | 82 |
| 23. سُورَةُ الْحَشْر | 82 |
| 24. سُورَةُ الْمُمْتَحَنَة | 83 |
| 25. سُورَةُ التَّحْرِيم | 83 |
| 26. سُورَةُ نُوح | 83 |
| 27. سُورَةُ الْفَلَق | 84 |
| 28. سُورَةُ النَّاس | 84 |

**Gunaanad**................................................. 85

# MAHAD CELIN

Ebbaha weyn ayaa mahad oo dhan iska leh; iwaafajiyey qoridda kitaabkaan, si nabad ahna noogu soo gaba-gebeeyey kaddib markaan muddo ku mashquulsanaa ururintiisa.

Intaa kaddib waxaan u mahad celinayaa Hooyo iyo Aabbo oo in badan ila soo dadaalay; dadaal aan waxba la kala harin; si aan nolosha meel sare uga gaaro; si aan unoqdo qof naftiisa iyo dadka kaleba anfaca. Rabbi miisaanka xasanaadkooda ha ugu daro barbaarintaas wanaagsan. Waxaan Allaha qaadirka ah ka baryayaa in aniga, ayaga iyo muslimiinta dhammaanba uu Janadii Firdawsa hooygeenna ka dhigo.

Sidoo kale waxaan u mahad celinayaa culimadii, macallimiintii iyo qof kasta oo aan xaraf ka bartay, iyagana Eebbe dembigooda ha dhaafo, abaalkoodana ha weyneeyo.

Waxaa kale oo aan u mahad celinayaa dhammaan cid kasta oo ka qayb qaadatay soo saarista kitaabkan. Dhammaantood Eebbe ha wada barakeeyo, miisaanka xasanaadkoodana ha ugu daro.

Waxaan si gaar ah ugu mahad celinayaa Sheekh C/casiis Calas Cartan, oo iga aqbalay in uu muraajiceeyo kitaabkan, kana saxo wixii sixid ubaahan. Sidoo kale waxaan umahad celinayaa

Ustaad Ibrahim Aden Shire oo waqti badan kubixiyay muraajacada kitaabkan.

waxaa kale oo aan umahad celinayaa gabadha iyo wiilka aan adeerka u ahay Lu'Lu Sh. C/casiis Sh. Xasan iyo Salaaxudiin Sh. C/casiis Sh. Xasan oo runtii qayb libaax ka qaatay isku dubaridka kitaabka iyo soo saariddiisaba. Eebbe ha idin barakeeyo adeer, hana idin xifdiyo.

*Waxaa kale oo aan umahad celinayaa qof kasta oo kitaabkan akhrista kulligiis ama qayb ka mid ah, Rabbina waxaan uga baryayaa in uu ku anfaco, miisaanka xasanaadkiisana ugu daro, khayrka uu jecelyahayna uu waafajiyo. Aamiin.*

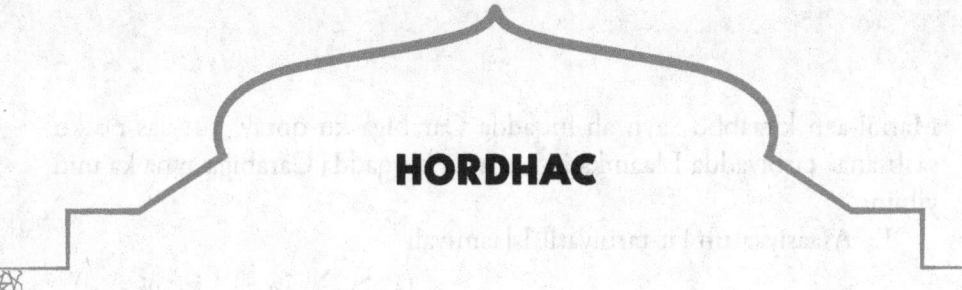

# HORDHAC

Mahad iyo ammaaan oo dhan waxaa leh Eebbaha Sare, nabad iyo naxariisina nebi Muxammad korkiisa ha ahaato. Sidoo kale, Eebbahay saxaabadii, taabiciintii iyo inta wanaagga ku raacdayba ha ka raalli noqdo.

Duco waa baryo, baryana waa sacaba hoorsi iyo gacma kor utaagid. Duco waa cod yeeraya waxna uyeeraya, waa cod hoos ka imaanaya, korna ujihaysan. Duco/baryo waa qirasho baahi addoon iyo uyeerid Rabbi oo kulmay. Markaa waxaa ducaysta/bartyootama qof dacfigiisa dareensan, baahidiisa garawsan, xalna uraadinaya; isla markaana yaqaan halka baahidiisu jirto iyo cidda uu xalka ka raadinayo, qirsan awoodda Rabbigiis, Qaninimadiisa iyo deeqsinimadiisa. Sidaa darteed ducada meel aan Alle ahayn ha la abaarin.

Haddaba baahi ma ku haysaa? Wax ma kaa maqan yihiin? Alle dan iyo xaajo ma ka leedahay? Muraadkaaga adduun iyo midka aakhiro inuu kuu fulo ma rabtaa? Hadday sidaa tahay, ha yaraysan ducada, ha moogaan baryada Alle, ha illoobin gacmaha oo aad kor utaagto, yuu kaa qaldamin dariiqu; ducayso oo Rabbi uyeero, sacabada uhoorso; isagaa ku oranaya addoonkaygoow ibari, codkaaga aan maqlo, diyaar baan kuu ahaye.

Daqiiqadaha aad dalabkaaga -baahidaada- Eebbaha sare ugudbinaysid ha illoobin xaalkaaga iyo xilliga aad ku jirto. Inkastoo qaab iyo waqti kasta ducadu bannaan tahay, hadana waxaad ogaataa in aqbalkeedu soo dhawaado mar kastoo aad ilaaliso habka, waqtiga iyo meesha aad ducadaada ku gudbinaysid. Sidaa darteed waxaa haboon inaad daahir tahay, lana eegatid baryadaada waqtiyada fadliga badan ee ducada la ajiibo sida waqtiga sujuudda, salaadaha faradka ah gadaashooda, markaad afurayso, habeenka daloolkiisa danbe, saacadaha maalinka Jimcaha udanbeeya, Aadaanka iyo Iqaamadda dhexdooda, marka quraanka la khatimo, maalinka Carafo, maalmaha aad xaramka joogto -Xaj & Cumro-, markaad biyaha Zam-zam cabayso, iyo waqtiyada kale ee fadliga leh.

Markii aan kitaabbo xayn ah luqadda Carabiga ku qoray, kuwaas oo ku saabsanaa tarbiyadda Islaamka iyo asaaska luuqadda Carabiga ayna ka mid yihiin:

1. Asaasiyaatun Fit-tarbiyatil-Islaamiyah

(أَسَاسِيَاتٌ فِي التَّرْبِيَةِ الْإِسْلَامِيَة)

2. Asaasiyaatun fil-qiraa'ati wal-kitaabatil-Carabiyah.

(أَسَاسِيَاتٌ فِي الْقِرَاءَةِ وَالْكِتَابَةِ الْعَرَبِيَة)

Ayaa waxaan in muddo ahba ku fekerayay inaan soo saaro kitaabbo ku qoran luuqaddeena hooyo ee Soomaaliga. Kitaabbada aan ku fekarayey waxaa ka mid ahaa kitaabkan maanta ku horyaalla ee aad akhrinayso ee aan magac ahaan u doortay: **(Wehelka Muslimka)**. Sababaha igu kallifay qoridda kitaabkan waxaa ka mid ah:

1. In badan oo dadkeenna ka mid ah, in aanay aqoon ulahayn ducooyinkii Nebigeennu (s.c.w.) ina baray.
2. Qoraalada ducooyinka ah, oo luuqaddeenna ku qoran oo yar.
3. Waqtiga la joogo oo ah waqti dadku adduunyo mashquul ku yihiin, xusiddii Eebbena ay yaraatay; marka laga reebo in yar oo Eebbe u naxariistay. Tiiyoo aan ku baraarugsannahay Alle xuskiisa iyo baryadiisu ahmiyadda ay leedahay.
4. Soo kordhinta kitaab kooban oo xambaarsan ducooyin kooban, qofkuna waqti yar ku dheehan karo.
5. Anigoo rajaynaya in Eebbaha sare, aniga iyo inta uu kitaabkani gaaraba ku anfaco adduun iyo aakhiro labadaba.

Ducooyinka kitaabkan ku qoran waxaan ka soo xigan doonaa Al-qur'aanul kariim الْقُرْآنُ الْكَرِيمِ iyo kutub badan oo kamid ah kuwa xadiiska sida:

- Saxiixul-Bukhaari (صَحِيحُ الْبُخَارِي)
- Saxiixu-Muslim (صَحِيحُ مُسْلِم)
- Sunanu Abii Daawuud (سُنَنُ أَبِي دَاوُدَ)
- Sunanut-tarmidi (سُنَنُ التِّرْمِذِيّ)
- Sunanu ibnu Maajah (سُنَنُ ابْنُ مَاجَة)
- Sunanu-Nisaa'I (سُنَنُ النَّسَائِي)

**Qaab** qoraaleedka aan adeegsaday waxaa weeye in aan ugu horreyn soo qaadanayo ducadii oo carabi ah, kaddibna aan raaciyo ayadoo af Soomaali lagu higaadinaayo, marka saddexaadna aan soo bandhigayo ducadii sharraxeeda oo af Soomaali ah.

Waxaa xusid iyo xasuusin mudan inay jiraan xarfo aan Soomaaliga ku jirin, sidaas darteed aan ka soo xigtey luuqadaha Englishka iyo manhajyo ay adeegsadeen qaar kamid ah dadka wax qora.

Qaab qoraaleedkan inaan soo xigto ama soo amaahdo waxaa igu bixiyey markaan arkey in uusan ka maarmi karin buuggaan oo ah mid aan ku soo uruuriyey ducooyinka muhiimka ah. Ducadana waxaa muhiim ah in sida ay carabiga ugu qoran tahay loo aqriyo.

Hoos waxaan ku soo gudbinayaa xarfaha aan isticmaalkooda u adeegsadey qaab qoraaleedka kitaabkan:

1. (ز) Xarafkaan booskiisa waxaan isticmaalay xarafka "Z" oo aan ka soo xigtey luuqadda Englishka, maadaama aanu ku jirin luuqadda Soomaaliga.
2. (ص) Xarafkaan waxaan badalkiisa u adeegsadey xarafka (S), maadaama ay isku makhraj dhaw yihiin.
3. (ط) Xarafkaan waxaan badalkiisa u adeegsadey xarafka (**D**h), madaama ay isku makhraj dhaw yihiin.
4. (ذ، ظ، ث) Xarfahaan saddexda ah waxaan badalkooda u adeegsaday (th), oo ah laba xaraf oo "laatiin" English ah, maadaama luqaddeena aysan ku jirin iyagoo kale.
5. (غ) Xarafkaan waxaan u adeegsadey badalkiisa labada xaraf ee (Gh) oo ay adeegsadaan qoraayaashu, maadaama aysan lahayn xaraf lamid ah luuqaddeena Soomaaligu.
6. (ض) Maadaama xarafkaanu aanu luuqadda Soomaaliga ku jirin waxaan bedelkiisa u adeegsaday xarafka "D" oo isagu iila dhawaaday.

**Fiira gaar ah:** Xarfahani waxaan isticmaalay dhigaalkooda, kaliya marka ducooyinka lagu aqrinayo afka Soomaaliga ah.

Waxaan haddaba Eebbaha weyn ee sarreeya, ka rajaynayaa inuu noqdo kitaabkani mid laga faa'iidaysto, shacabkeenna Soomaaliyeedna anfaca, aniga iyo cid kasta oo soo saariddiisa ka qayb-qaadatayna adduun iyo aakhiraba khayr ku abaal mariyo.

*Qoraaga*
*Dr. Cabdullaahi Xassan Faarax (Sancaani)*
*Columbus, Ohio USA.*
*Julaay, 2024*

# CUTUBKA 1AAD

**DUCOOYIN GUUD & ADKAAR MARAR KHAAS AH LA AKHRISTO**

أَدْعِيَةٌ عَامَّةٌ وَأَذْكَارٌ خَاصَّةٌ

## ① DUCADA GALIDDA SUULIGA IYO KA SOO BIXIDDIISA

(دُعَاءُ دُخُولِ الْخَلَاءِ وَالْخُرُوجِ مِنْهُ)

Ducada la aqristo marka musqusha la galayo iyo marka laga soo baxayo:

(بِسْمِ اللَّهِ، اللَّهُمَّ إِنِّي أَعُوذُ بِكَ مِنَ الْخُبْثِ وَالْخَبَائِثِ)

(Bismillaah. Allaahumma innii acuudu bika minal-khubthi wal-khabaa'ith).

Magaca Eebbe ayaan cuskaday. Eebboow, waxaan kaa magan gelayaa shaydaanka kiisa lab iyo kiisa dhaddigba.

## ② DUCADA LA AQRISTO MARKA MUSQUSHA LAGA SOO BAXO

(دُعَاءُ الْخُرُوجِ مِنَ الْخَلَاءِ)

(غُفْرَانَكَ)

(Ghufraanak)

Eebboow dembi dhaafkaaga ayaan ku waydiisanayaa.

## ③ DUCADA WEYSO QAADASHADA

(الْوُضُوءِ)

Ducada la aqristo weysada ka hor — الذِّكْرُ قَبْلَ الْوُضُوءِ

(بِسْمِ اللَّهِ)

(Bismillaah)

Magaca Eebbe ayaan ku bilaabayaa.

## ④ DUCADA WEYSO QAADASHADA KADDIB

(الدُّعَاءُ بَعْدَ الْوُضُوءِ)

Ducada la aqristo weysa qaadashada kaddib

١- (أَشْهَدُ أَنْ لَا إِلَهَ إِلَّا اللَّهُ وَحْدَهُ لَا شَرِيكَ لَهُ وَأَشْهَدُ أَنَّ مُحَمَّداً عَبْدُهُ وَرَسُولُهُ).

(Ash-hadu allaa ilaaha illalaahu waxdahu laa shariika lah, wa ash-hadu anna muxamadan cabduhu wa rasuuluh).

Waxaan qirayaa inuusan jirin Eebbe xaq lagu caabudo Allaah mooyee, cid wax la wadaagtana ma jirto, waxaan qirayaa oo kale in Nebi Muxammad (s.c.w) uu yahay addoonkiisa iyo rasuulkiisa.

| (Allaahummajcalnii minattawaa-biina wajcalnii minal mutadhahhi-riin). | ٢- (اللَّهُمَّ اجْعَلْنِي مِنَ التَّوَّابِينَ وَاجْعَلْنِي مِنَ الْمُتَطَهِّرِينَ). |

Ilaahoow igu dar kuwa toobad keenka badan, igana dhig kuwa is daahiriya/is nadiifiya.

| (Subxaanakal-laahumma wa bixamdik, ash-hadu allaa ilaaha illaa ant, astaghfiruka wa atuubu ilayk). | ٣- (سُبْحَانَكَ اللَّهُمَّ وَبِحَمْدِكَ، أَشْهَدُ أَنْ لاَ إِلَهَ إِلاَّ أَنْتَ، أَسْتَغْفِرُكَ وَأَتُوبُ إِلَيْكَ). |

Eebboow adigaa ka hufan xumaan oo dhan mahadna adiga ayaa leh, waxaan qirayaa in uusan jirin Eebbe xaq lagu caabudo adiga mooyee, dembi dhaaf ayaan ku weydiisanayaa waana kuu toobad keenayaa.

## 5
### DUCADA DHAR XIRASHADA
(دُعَاءُ لُبْسِ الثَّوْبِ)

Ducada la aqristo marka dharka la xiranayo:

| (Alxamdu lil-laahil-ladii kasaanii haadath-thawba, wa razaqaniiihi min ghayri xawlin minnii walaa quwwah). | الْحَمْدُ لِلَّهِ الَّذِي كَسَانِي هَذَا (الثَّوْبَ) وَرَزَقَنِيهِ مِنْ غَيْرِ حَوْلٍ مِنِّي وَلاَ قُوَّةٍ). |

Mahad waxaa leh Eebbihii ii labisay maradan, iguna arzaaqay (isiiyey) anigoo aan awoodayda iyo xeeladayda midna ku keensan.

## 6
### DUCADA DHARKA CUSUB
(دُعَاءُ لُبْسِ الثَّوْبِ الْجَدِيْد)

Ducada la aqristo marka dhar cusub la xiranayo.

| | |
|---|---|
| (Allaahuma lakal xamdu anta kasawtaniih, as'aluka min khayrihii wa khayri maa sunica lahu, wa acuudu bika min sharrihi wa sharri maa sunica lah). | (اللَّهُمَّ لَكَ الْحَمْدُ أَنْتَ كَسَوْتَنِيهِ، أَسْأَلُكَ مِنْ خَيْرِهِ وَخَيْرِ مَا صُنِعَ لَهُ، وَأَعُوذُ بِكَ مِنْ شَرِّهِ وَشَرِّ مَا صُنِعَ لَهُ). |

Eebboow, adiga ayaa mahad iska leh, adiga ayaana dharkaan cusub iigu labisey. Eebboow, waxaan ku waydiisanayaa khayrkiisa iyo khayrka wixii loo sameeyay, waxaanan kaa magan gelayaa sharkiisa iyo sharka wixii loo sameeyey.

## 7

### DUCADA LOOGU DUCEEYO QOFKA DHARKA CUSUB XIRTA
(الدُّعاءُ لِمَن لَبِسَ ثَوبًا جَدِيدًا)

Qofka dhar cusub soo gata kaddibna xirta waxaad ugu ducaynaysaa:

| | |
|---|---|
| (Ilbis jadiidan, wa cish xamiidan, wa mut shahiidaa). | ١- (اِلْبِسْ جَدِيداً، وَعِشْ حَمِيداً، وَمُتْ شَهِيداً). |

Dhar cusub xiro, sharaf ku nooloow, shahiidnimana ku dhimo.

| | |
|---|---|
| (Tublii wa yukhliful-laahu tacaalaa). | ٢- (تُبْلِي وَيُخْلِفُ اللَّهُ تَعَالَى). |

Waad baaliyoobeysaa dhar yahaw, Eebbena beddalkaaga ayuu keenayaa.

## 8

### DUCADA DHAR ISKA DHIGISTA
(الذِّكرُ عِندَ وَضعِ المَلابِسِ)

Ducada la aqristo marka dharka la iska bixinayo:

| | |
|---|---|
| (Bismillaah) | (بِسْمِ الله) |

Magaca Eebbe ayaan cuskanayaa.

## 9

### DUCADA GELIDDA GURIGA

(الذِّكْرُ عِنْدَ الْخُرُوجِ مِنَ الْمَنْزِلِ)

Ducada la aqristo marka guriga laga baxayo:

| | |
|---|---|
| (Bismillaah, tawakaltu calal-laah, walaa xawla walaa quwwata illaa billaah). | (بِسْمِ اللَّهِ، تَوَكَّلْتُ عَلَى اللَّهِ، وَلاَ حَوْلَ وَلاَ قُوَّةَ إِلاَّ بِاللَّهِ). |

Magaca Eebbe ayaan cuskanayaa, Eebbe ayaan tala saaranayaa, xeelad iyo awoodna Alle ayeey usugnaadeen.

## 10

### DUCADA KA BIXIDDA GURIGA

(الذِّكْرُ عِنْدَ الدَّخُولِ الْمَنْزِلِ)

Ducada la aqristo marka guriga la gelayo:

| | |
|---|---|
| (Bismillaahi walajnaa, wa bismillaahi kharajnaa, wa calaa rabbinaa tawakalnaa). | (بِسْمِ اللَّهِ وَلَجْنَا، وَبِسْمِ اللَّهِ خَرَجْنَا، وَعَلَى اللَّهِ رَبِّنَا تَوَكَّلْنَا). |

Magaca Eebbe ayaan ku soo galnay, magaciisana waan ku baxnay, Rabbigeenna waan tala saarannay.

## 11

### DUCADA MARKA GAADIIDKA LA RAACAYO

(دُعَاءُ الرُّكُوبِ)

Ducada la aqristo marka gaari, diyaarad ama wax la mid ah la raacayo:

| | |
|---|---|
| (Bismillaah, wal-xamdu lillaah, sub-xaanal-ladii sakh-khara lanaa haadaa wamaa kunnaa lahuu muqriniin, wa innaa ilaa rabbinaa la munqalibuun, al-xamdulillaah, al-xamdu lillaah, al-xamdulillaah, Allaahu akbar, Allaahu akbar, Allaahu akbar, sub-xaanakal-laahumma innii thalamtu nafsii faghfir lii fa'innahu laa yagh-firud-dunuuba illaa ant). | (بِسْمِ اللَّهِ، وَالْحَمْدُ لِلَّهِ، سُبْحَانَ الَّذِي سَخَّرَ لَنَا هَذَا وَمَا كُنَّا لَهُ مُقْرِنِينَ، وَإِنَّا إِلَى رَبِّنَا لَمُنْقَلِبُونَ، الْحَمْدُ لِلَّهِ، الْحَمْدُ لِلَّهِ، الْحَمْدُ لِلَّهِ، اللَّهُ أَكْبَرُ، اللَّهُ أَكْبَرُ، اللَّهُ أَكْبَرُ، سُبْحَانَكَ اللَّهُمَّ إِنِّي ظَلَمْتُ نَفْسِي فَاغْفِرْ لِي؛ فَإِنَّهُ لاَ يَغْفِرُ الذُّنُوبَ إِلاَّ أَنْتَ). |

Magaca Eebbe ayaan cuskanayaa, mahad oo dhan Eebbe ayay u sugnaatay, xumaan oo dhan waxaa ka nasahan eebihii noo sakhirey gaadiidkaan aannaan awoodda ulahayn, annaguna xagga Eebbe ayaan u laabanaynaa. Eebbe ayaa mahad leh, Eebbe ayaa mahad leh, Eebbe ayaa mahad leh; Ilaah baa weyn, Ilaah baa weyn, Ilaah baa weyn; waxaa xumaan oo dhan ka hufan Eebbahay, Eebboow, anigu waxaan dulmiyey naftayda ee ii denbi dhaaf, cid aan adiga ahayni dembiga ma dhaafto.

## 12

### DUCADA MARKA MASJIDKA LA AADAYO

(دُعَاءُ الذِّهَابِ إِلَى الْمَسْجِدِ)

Ducada la aqristo marka masjidka loo socdo, jidkana lagu sii jiro:

(Allahum-majcal fii qalbii nuuraa, wa fii lisaanii nuuraa, wa fii samcii nuuraa, wa fii basarii nuuraa, wa min fawqii nuuraa, wa min taxtii nuuraa, wacan yamiinii nuuraa, wa can shimaalii nuuraa, wa min amaamii nuuraa, wa min khalfii nuuraa, wajcal fii nafsii nuuraa, wa'acthim lii nuuraa, wacath-thim lii nuuraa, wajcalnii nuuraa. Allaahumma acdhinii nuuraa, wajcal fii casabii nuuraa, wa fii laxmii nuuraa, wa fii dammii nuuraa, wa fii shacrii nuuraa, wa fii basharii nuuraa).

(اللَّهُمَّ اجْعَلْ فِي قَلْبِي نُوراً، وَفِي لِسَانِي نُوراً، وَفِي سَمْعِي نُوراً، وَفِي بَصَرِي نُوراً، وَمِنْ فَوْقِي نُوراً، وَمِنْ تَحْتِي نُوراً، وَعَنْ يَمِينِي نُوراً، وَعَنْ شِمَالِي نُوراً، وَمِنْ أَمَامِي نُوراً، وَمِنْ خَلْفِي نُوراً، وَاجْعَلْ فِي نَفْسِي نُوراً، وَأَعْظِمْ لِي نُوراً، وَعَظِّمْ لِي نُوراً، وَاجْعَلْ لِي نُوراً، وَاجْعَلْنِي نُوراً، اللَّهُمَّ أَعْطِنِي نُوراً، وَاجْعَلْ فِي عَصَبِي نُوراً، وَفِي لَحْمِي نُوراً، وَفِي دَمِي نُوراً، وَفِي شَعْرِي نُوراً، وَفِي بَشَرِي نُوراً).

Eebboow laabtayda nuur geli, oo carrabkayga nuur geli, oo maqalkayga nuur geli, oo aragayga nuur geli, oo korkayga nuur ka yeel, oo hoostayda nuur ka yeel, oo midigtayda nuur ka yeel, oo bidixdayda nuur ka yeel, oo hortayda nuur ka yeel, oo gadaashayda nuur ka yeel. Naftayda Eebboow, nuur ka yeel oo nuurka ii weynee, Eebboow nuur ii yeel oo iga dhig mid nuuraya, Eebboow nuur isii oo Neerfahayga nuur geli, oo hilibkayga nuur geli, oo dhiigayga nuur geli, oo timahayga nuur geli, jirkaygana nuur geli.

## 13

### DUCADA KA BIXIDDA MASJIDKA
(دُعَاءُ الْخُرُوجِ مِنَ الْمَسْجِدِ)

Ducada la aqristo marka masjidka laga soo baxayo:

(Bismillaahi, was-salaatu was-salaamu calaa rasuulil-laah, allaahumma innii as'aluka min fadlik, allaahummac-simnii minash-shaydhaanir-rajiim).

(بِسْمِ اللهِ وَالصَّلَاةُ وَالسَّلَامُ عَلَى رَسُولِ اللهِ، اللَّهُمَّ إِنِّي أَسْأَلُكَ مِنْ فَضْلِكَ، اللَّهُمَّ اعْصِمْنِي مِنَ الشَّيْطَانِ الرَّجِيمِ).

Magaca Eebbe ayaan cuskanayaa, naxariis iyo nabadgelyana Rasuulkii Eebbe korkiisa ha ahaato. Eebboow, waxaan ku waydiisanayaa fadligaaga, Eebbow, iga ilaali shaydaanka la fogeeyay.

## 14

### DUCADA GALIDDA MASJIDKA
(دُعَاءُ دُخُولِ الْمَسْجِدِ)

Ducada la aqristo marka masjidka la gelayo:

(Acuuthu billaahil-cathiim, wa bi-wajhihil-kariim, wa suldhaanihil-qa-diim, minash-shaydhaanir-rajiim).

أ- (أَعُوذُ بِاللهِ الْعَظِيمِ، وَبِوَجْهِهِ الْكَرِيمِ، وَسُلْطَانِهِ الْقَدِيمِ، مِنَ الشَّيْطَانِ الرَّجِيمِ).

Waxaan ka magan gelayaa Eebbaha weyn, wajigiisa sharafta badan iyo awooddiisa horreysey inuu iga ilaaliyo shaydaanka la fogeeyay.

(Bismillaah, was-salaatu was-salaamu calaa rasuulil-laah, allaahum-maftax lii abwaaba raxmatik).

٣- (بِسْمِ اللهِ، وَالصَّلَاةُ وَالسَّلَامُ عَلَى رَسُولِ اللهِ اللَّهُمَّ افْتَحْ لِي أَبْوَابَ رَحْمَتِكَ).

Magaca Eebbe ayaan ku gelayaa, naxariis iyo nabadgelyana Rasuulkii Eebbe korkiisa ha ahaato. Eebboow, albaabada naxariistaada ii fur.

## DUCADA AADAANKA
(أَذكارُ الآذَان)

Ducada la aqristo aadaanka kaddib:

(Allaahumma rabba hadi-hid-dacwatit-taammah, was-salaatil-qaa'imah, aati Muxammadanil wasiilata wal fadiilah, wabcath-hu maqaamam-maxmuudanil-lathii wacadtah).

(اللَّهُمَّ رَبَّ هَذِهِ الدَّعْوَةِ التَّامَّةِ، وَالصَّلاَةِ الْقَائِمَةِ، آتِ مُحَمَّداً الْوَسِيلَةَ وَالْفَضِيلَةَ، وَابْعَثْهُ مَقَاماً مَحْمُوداً الَّذِي وَعَدْتَهُ).

Eebboow Rabbigii dacwadan dhammayska tiran iyo salaadda taagan lahaayow, sii Nebi Muxammad (s.c.w) wasiilada (darajo jannada ka mid ah) iyo fadli dheeraad ah. Eebboow, soo saar maalinta qiyaamaha isagoo taagan meel la mahadiyay, oo ah meeshii aad u ballan qaadday.

Sidoo kale, waxaa jirta duco ama adkaar la aqriyo marka mu'addinku labada shahaado yiraado, waana tan hoos ku qoran.

(Wa ana ash-hadu allaa ilaaha illalaahu, waxdahu laa shariika lah, wa anna Muxammadan cabduhu wa rasuuluh, radiitu billaahi rabbaa, wa bi Muxammadin rasuulaa, wa bil islaami diinaa).

(وَأَنَا أَشْهَدُ أَنْ لاَ إِلَهَ إِلاَّ اللهُ وَحْدَهُ لاَ شَرِيكَ لَهُ وَأَنَّ مُحَمَّداً عَبْدُهُ وَرَسُولُهُ، رَضِيتُ بِاللهِ رَبَّاً، وَبِمُحَمَّدٍ رَسُولاً، وَبِالْإِسْلاَمِ دِيناً).

Aniguna -Sidoo kale- waxaan qirayaa inaan Ilaah xaq lagu caabudo jirin Allaah mooyee, waana Eebbe keli ah, cid wax la wadaagtaana ma jirto, waxaan kaloo qirayaa in Nebi Muxammad (s.c.w.) yahay addoonkiisa iyo ergeygii uu soo dirsaday, waxaan raalli ku ahay rabbinimada Eebbe iyo rasuulnimada Nebi Muxammad, diin ahaanna waxaan raalli ku ahay Islaamka.

## 16

### DUCADA FURFURASHADA SALAADDA
(دُعَاءُ الإِسْتِفْتَاحِ)

Ducada la aqristo marka salaadda la furfuranayo, ama la bilaabayo (Allaahu akbar-ta kaddib):

(Subxaanakal-laahumma wa bixamdik, wa tabaarakas-muk, wa tacaalaa jadduk, walaa ilaaha ghayruk).

(سُبْحَانَكَ اللَّهُمَّ وَبِحَمْدِكَ، وَتَبَارَكَ اسْمُكَ، وَتَعَالَى جَدُّكَ، وَلاَ إِلَهَ غَيْرُكَ).

Ebboow adigaa ka huffan xumaan oo dhan, mahadna adigaa iska leh, magacaaguna wuu barakoobay, sharaftaaduna (awooddaadu) kor ayey ahaatay, mana jiro Eebbe aan adiga ahayn.

Waxaad kale oo aad akhrisan kartaa ducadan hoose:

(Allaahumma baacid baynii wa bayna khadhaayaaya, kamaa baacaddta baynal-mashriqi wal-maghrib, Allahumma naqqinii min khad-haayaaya kamaa yunaqath-thaw-bul abyadu minad-danas. Allaa-hum-maghsilnii min khadhaayaaya bith-thalji walmaa'i wal barad).

(اللَّهُمَّ بَاعِدْ بَيْنِي وَبَيْنَ خَطَايَايَ كَمَا بَاعَدْتَ بَيْنَ الْمَشْرِقِ وَالْمَغْرِبِ، اللَّهُمَّ نَقِّنِي مِنْ خَطَايَايَ كَمَا يُنَقَّى الثَّوْبُ الْأَبْيَضُ مِنَ الدَّنَسِ، اللَّهُمَّ اغْسِلْنِي مِنْ خَطَايَايَ بِالثَّلْجِ وَالْمَاءِ وَالْبَرَدِ).

Eebboow aniga iyo gefefkayga kala fogee, sida aad u kala fogaysay bari iyo galbeed. Eebboow gafafkayga iga nadiifi sida marada cad wasakhda looga nadiifiyo, Eebboow dembiyada aan galay baraf, biyo iyo qabow igaga mayr.

## 17

### DUCADA RUKUUCDA LA AKHRIYO
(دُعَاءُ الرُّكُوعِ)

Ducada la aqristo marka salaadda la rukuucayo:

(Subxaana rabbiyal cathiim). Seddex mar.

(سُبْحَانَ رَبِّيَ الْعَظِيمِ). ثَلاَثُ مَرَّاتٍ.

Rabbigayga weyn ayaa xumaan oo dhan ka hufan.

### Sidoo kale waxaad oran kartaa:

(Subxaanakal-laahumma Rabbanaa wa bixamdik, Allaahum-maghfirlii).

(سُبْحَانَكَ اللَّهُمَّ رَبَّنَا وَبِحَمْدِكَ، اللَّهُمَّ اغْفِرْ لِي).

**Rabbiyoow, adigaa xumaan oo dhan ka hufan, mahadna adigaa iska leh, Eebbow, ii dembi dhaaf.**

### Waxaad kale oo oran kartaa:

(Subbuuxun qudduusun rabbul malaa'ikati war-ruux).

(سُبُّوحٌ، قُدُّوسٌ، رَبُّ الْمَلَائِكَةِ وَالرُّوحِ).

**Waa mid hufnaan badan, ceeb la'aanna ah, waana Rabbiga malaa'igta iyo Malakul-jibriil.**

## 18
## DUCADA KASOO KICIDDA RUKUUCDA
(دُعَاءُ الرَّفْعِ مِنَ الرُّكُوعِ)

Ducooyinka la aqristo marka rukuucda laga soo kaco:

١- (سَمِعَ اللَّهُ لِمَنْ حَمِدَهُ).

(Samical-laahu liman xamidah).

**Eebbe wuu maqlaa qofkii u mahad celiya.**

٢- ب- (رَبَّنَا وَلَكَ الْحَمْدُ، حَمْداً كَثِيراً طَيِّباً مُبَارَكاً فِيهِ).

(Rabbanaa walakal xamd, xamdan kathiiran dhayiban mubaarakan fiih).

**Rabiganoow mahad iyo amaanba adeey kuu sugnaatay, mahad badan oo wanaagsan oo barakaysan.**

(Mil'as-samaawaati, wa mil'al ardi, wa maa baynahumaa, wa mil'a maa shi'ta min shay-in bacd, ahlath-thanaa'i wal-majd, axaqqu maa qaalal cabdu, wa kullunaa laka cabdun,,Allaahumma laa maanica limaa acdhayta, walaa mucdhiya limaa manacta, walaa yanfacu thal jaddi minkal-jadd).

٣- ج- (مِلْءَ السَّمَوَاتِ وَمِلْءَ الْأَرْضِ، وَمَا بَيْنَهُمَا، وَمِلْءَ مَا شِئْتَ مِنْ شَيْءٍ بَعْدُ. أَهْلَ الثَّنَاءِ وَالْمَجْدِ، أَحَقُّ مَا قَالَ الْعَبْدُ، وَكُلُّنَا لَكَ عَبْدٌ. اللَّهُمَّ لَا مَانِعَ لِمَا أَعْطَيْتَ، وَلَا مُعْطِيَ لِمَا مَنَعْتَ، وَلَا يَنْفَعُ ذَا الْجَدِّ مِنْكَ الْجَدُّ).

Eebboow, waxaan kuu mahad celinayaa cirarka iyo dhulalka muggood in le'eg iyo waxa u dhaxeeya iyo waxaad doonto muggiisa. Waxaad tahay Eebbe mudan ammaanta iyo sharafta. Hadalkaasi waa waxa ugu runsan uguna xaqsan ee uu addoonku yiraahdo. Eebboow, dhamaanteenna waxaan kuu nahay addoomo. Eebboow, wixii aad bixisid cid diidi kartaa ma jirto, wixii aad diidana cid bixin kartaa ma jirto. Hanti iyo jaah kastaa agtaada waxba kama aha, qiimana kama leh.

## 19

## DUCADA QUNUUTKA WITRIGA
(دُعَاءِ قُنُوتِ الْوِتْرِ)

Ducada Qunuutka witriga la aqristo.

(Allahum-mahdinii fiiman hadayt, wa caafinii fii man caafayt, wa tawallanii fii man tawallayt, wa baarik lii fiimaa acdhayt, wa qinii sharra maa qadayt, fa'innaka taqdii walaa yuqdaa calayk, innahu laa yadillu man waalayt, walaa yacizzu man caadayt, tabaarakta rabbanaa wa tacaalayt).

(اللَّهُمَّ اهْدِنِي فِيمَنْ هَدَيْتَ، وَعَافِنِي فِيمَنْ عَافَيْتَ، وَتَوَلَّنِي فِيمَنْ تَوَلَّيْتَ، وَبَارِكْ لِي فِيمَا أَعْطَيْتَ، وَقِنِي شَرَّ مَا قَضَيْتَ؛ فَإِنَّكَ تَقْضِي وَلَا يُقْضَى عَلَيْكَ، إِنَّهُ لَا يَذِلُّ مَنْ وَالَيْتَ، وَلَا يَعِزُّ مَنْ عَادَيْتَ، تَبَارَكْتَ رَبَّنَا وَتَعَالَيْتَ).

Eebboow kuwaad hanuunisay igu dar, oo kuwaad caafimaadka siisay igu dar, oo kuwaad weliga unoqotay igu dar. Eebboow, waxaad i siisay ii barakee, igana ilaali shar iyo dhib wixii aad qaddartay. Eebboow, adiga ayaa wax xukuma ee adiga laguma xukumo. Eebboow, qof aad la jirtaa ma dulloobo, mana helo sharaf iyo wanaag qofaad la collowdo, waad barako badnaatay (waynaatay) Eebboow, waadna sarraysaa.

## 20
## DUCADA SUJUUDDA
(دُعَاءُ السُّجُودِ)

Ducooyinka la aqristo marka la sujuudo:

| | |
|---|---|
| ١- (سُبْحَانَ رَبِّيَ الْأَعْلَى) ثلاث مرات. | (Subxaana Rabbiyal-aclaa) Saddex jeer. |

**Rabbigayga sarreeya ayaa xumaan oo dhan ka hufan). Saddex jeer.**

| | |
|---|---|
| ٢- (سُبْحَانَكَ اللَّهُمَّ رَبَّنَا وَبِحَمْدِكَ، اللَّهُمَّ اغْفِرْ لِي). | (Subxaanakal-laahumma rabbanaa wa bixamdik, Allaahum-maghfirlii). |

**Rabbiyoow adaa xumaan ka hufan, adigaana mahadnaq mudan, Eebboow ii dembi dhaaf.**

| | |
|---|---|
| ٣- (سُبُّوحٌ، قُدُّوسٌ، رَبُّ الْمَلَائِكَةِ وَالرُّوحِ). | (Subbuuxun quddusun rabbul malaaikati war-ruux). |

**Waa mid hufnaan badan, ceeb la'aanna ah, waana Rabbiga malaa'igta iyo Malakul-jibriil.**

| | |
|---|---|
| ٤- (اللَّهُمَّ اغْفِرْ لِي ذَنْبِي كُلَّهُ: دِقَّهُ وَجِلَّهُ، وَأَوَّلَهُ وَآخِرَهُ، وَعَلَانِيَّتَهُ وَسِرَّهُ). | (Allaahum-maghfirlii thambii kullah, diqqahu wa jillah, wa awwalahu wa aakhirah, wa calaaniyatahu wasirrah). |

**Eebboow dembigayga oo dhan iga dhaaf, kiisa yar iyo kiisa weyn, kiisa hore iyo kiisa dambe, kiisa muuqda iyo kiisa qarsoonba.**

| | |
|---|---|
| ٥- (اللَّهُمَّ إِنِّي أَعُوذُ بِرِضَاكَ مِنْ سَخَطِكَ، وَبِمُعَافَاتِكَ مِنْ عُقُوبَتِكَ، وَأَعُوذُ بِكَ مِنْكَ، لَا أُحْصِي ثَنَاءً عَلَيْكَ، أَنْتَ كَمَا أَثْنَيْتَ عَلَى نَفْسِكَ). | (Allaahumma innii acuudu biridaaka min sakhadhik, wa bimucaafaatika min cuquubatik, wa acuuthu bika minka laa uxsii thanaa'an calayk, anta kamaa athnayta calaa nafsik). |

**Eebboow raali ahaanshahaaga ayaan ka magan gelayaa caradaada, cafiskaaga ayaan ka magan galayaa ciqaabtaada, adigaan ku magan gelayaa oo isla adiga kaa magan galayaa. Ma koobi karo ammaantaada Eebboow, waxaad tahay sidii aad adigu isku ammaantay.**

## 21

### DUCADA SUJUUDU TILAAWADA (AQRINTA)
(دُعَاءُ سُجُود التِّلَاوَة)

Ducada la aqristo marka aad sujuuddid, sujuudda loo yaqaan (sujuudu tilaawah), gaar haan marka aad gaarto aayadaha sujuudda tilmaamaya ee Qur'aanka ku jira, waana aayado kooban:

(Sajada wajhii lilladii khalaqah, washaqqa samcahu, wabasarah, bixowlihi wa quwwatihi, fatabaarakal-laahu axsanul-khaaliqiin).

(سَجَدَ وَجْهِيَ لِلَّذِي خَلَقَهُ، وَشَقَّ سَمْعَهُ وَبَصَرَهُ بِحَوْلِهِ وَقُوَّتِهِ، فَتَبَارَكَ اللَّهُ أَحْسَنُ الْخَالِقِينَ).

Wejigaygu wuxuu u sujuudey Allihii abuuray ee ujeexay maqalka (dhegaha) iyo aragga (indhaha). Uguna dillaaciyay xeeladdiisa iyo awooddiisa. Waxaa khayrkiisu batay Eebbihii ugu wanaagsanaa abuurayaasha.

## 22

### DUCADA FADHIGA UDHEXEEYA LABADA SUJUUDOOD
(دُعَاءُ الْجَلْسَة بَيْنَ السَّجدَتَيْن)

Ducooyinka la aqristo labada sujuudood dhexdooda:

1- (Rabbigh-fir lii, Rabbigh-fir lii). ١- (رَبِّ اغْفِرْ لِي، رَبِّ اغْفِرْ لِي).

Eebbow ii dembi dhaaf.. Eebbow ii dembi dhaaf.

2- (Allahummagh-firlii, warxamnii, wahdinii, wajburnii, wa caafinii, warzuqnii, warfacnii). ٢- (اللَّهُمَّ اغْفِرْ لِي، وَارْحَمْنِي، وَاهْدِنِي، وَاجْبُرْنِي، وَعَافِنِي، وَارْزُقْنِي، وَارْفَعْنِي).

Eebboow ii dembi dhaaf, ii naxariiso, i hanuuni, i kab (waxa iga maqan ii dhamaystir), i caafi, i arzaaq, oo i kor yeel.

## ATTAXIYAATKA (التَّشَهُّد)

Ducada Attaxiyaadka:

(Attaxiyaatu lillaahi was-salawaatu, wadhayyibaatu, as-salaamu calayka ayyuhan-nabiyyu, wa raxmatul-laahi wabarakaatuh, as-salaamu calaynaa wa calaa cibaadil-laahis-saalixiina, Ash-hadu allaa ilaaha illalaahu wa ash-hadu anna Muxammadan cabduhu wa rasuuluh).

(التَّحِيَّاتُ لِلَّهِ، وَالصَّلَوَاتُ، وَالطَّيِّبَاتُ، السَّلَامُ عَلَيْكَ أَيُّهَا النَّبِيُّ وَرَحْمَةُ اللَّهِ وَبَرَكَاتُهُ، السَّلَامُ عَلَيْنَا وَعَلَى عِبَادِ اللَّهِ الصَّالِحِينَ. أَشْهَدُ أَنْ لَا إِلَهَ إِلَّا اللَّهُ وَأَشْهَدُ أَنَّ مُحَمَّداً عَبْدُهُ وَرَسُولُهُ).

Salaan, naxariis iyo wanaag oo dhan Eebbe ayey u sugnaadeen, nabadgelyo/naxariistii Eebbe iyo barakooyinkiisuba korkaaga ha ahaadeen nabi muxammadoow. Annaga iyo addoomaha Ilaahay ee wanaagsanna nabadi korkannaga ha ahaato. Waxaan qirayaa in uusan jirin Eebbe xaq lagu caabudo Allaah mooyee, waxaan kaloo qirayaa in (nabi) Muxammad (s.c.w.) yahay addoonkiisa iyo ergeygii/ rasuulkii uu soo dirsaday.

### Qaabka labaad ee Attaxiyaadka:

(Attaxiyaatu, almubaarakaatu, as-salawaatu, adhayyibaatu Lillaahi, as-salaamu calayka ayyuhan-nabiyyu, wa raxmatul-laahi wabarakaatuh, as-salaamu calaynaa wa calaa cibaadil-laahis-saalixiina, Ash-hadu allaa ilaaha illalaahu wa ash-hadu anna Muxammadan rasuululaah).

١- (التَّحِيَّاتُ المُبَارَكَاتُ الصَّلَوَاتُ الطَّيِّبَاتُ لِلَّهِ، السَّلَامُ عَلَيْكَ أَيُّهَا النَّبِيُّ وَرَحْمَةُ اللَّهِ وَبَرَكَاتُهُ، السَّلَامُ عَلَيْنَا وعلى عِبَادِ الله الصَّالِحِينَ، أَشْهَدُ أَنْ لَا إِلَهَ إِلَّا اللَّهُ، وَأَشْهَدُ أَنَّ مُحَمَّداً رَسُولُ اللَّهِ).

Salaan, barako, naxariis iyo wanaag oo dhan Eebbe ayey u sugnaadeen, nabadgelyo/naxariistii Eebbe iyo barakooyinkiisuba korkaaga ha ahaadeen nabi muxammadoow. Annaga iyo addoomaha Ilaahay ee wanaagsanna nabadi korkannaga ha ahaato. Waxaan qirayaa in uusan jirin Eebbe xaq lagu caabudo Allaah mooyee, waxaan kaloo qirayaa in (nabi) Muxammad (s.c.w.) yahay addoonkiisa iyo ergeygii/rasuulkii uu soo dirsaday.

## 24

**SALLIGA NABIGA (S.C.W)**

(الْصَّلَاةُ عَلَى النَّبِيِّ ﷺ بَعْدَ التَّشَهُّدْ)

Salliga Nebiga (S.C.W) Attaxiyaatka kaddib:

| | |
|---|---|
| (Allaahumma salli calaa Muxamma-din wa calaa aali Muxamma-din, kamaa sallayta calaa Ibraahiima wa calaa aali Ibraahiim, innaka xamiidun majiid. Allaahuma baarik calaa Muxamadin wacalaa aali Muxamad, kamaa baarakta calaa Ibraahiima wa calaa aali Ibraahiima, innaka xamiidum majiid). | (اللَّهُمَّ صَلِّ عَلَى مُحَمَّدٍ، وَعَلَى آلِ مُحَمَّدٍ، كَمَا صَلَّيْتَ عَلَى إِبْرَاهِيمَ، وَعَلَى آلِ إِبْرَاهِيمَ، إِنَّكَ حَمِيدٌ مَجِيدٌ. اللَّهُمَّ بَارِكْ عَلَى مُحَمَّدٍ وَعَلَى آلِ مُحَمَّدٍ، كَمَا بَارَكْتَ عَلَى إِبْرَاهِيمَ وَعَلَى آلِ إِبْرَاهِيمَ، إِنَّكَ حَمِيدٌ مَجِيدٌ). |

Alloow u naxariiso Nebi Muxammad iyo ehelkiisaba, sidaad ugu naxari-isatay Nebi Ibraahiim iyo ehelkiisa. Eebboow adigaa ah mahad-badane Sharaf badan. Eebboow barakee Nebi Muxammad iyo ehelkiisaba, sidaad u barakaysay Nebi Ibraahiim iyo ehelkiisa. Waxaad tahay mahad badane, sharaf badan.

## 25

**DUCADA LA AQRISTO ATTAXIYAADKA DANBE KADDIB**

(الدُّعَاءُ بَعْدَ التَّشَهُّدِ الْأَخِيرِ قَبْلَ السَّلَامِ)

Qaar ka mid ah ducooyinka la aqristo Attaxiyaatka dambe kaddib iyo inta aan la salaama naqsan ka hor:

| | |
|---|---|
| 1- (Allaahuma innii acuuthu bika min cadaabil-qabri, wa min cadaabi Jahannam, wa min fitnatil maxyaa wal-mamaat, wa min sharri fitnatil masiixid-dajjaal). | 1- (اللَّهُمَّ إِنِّي أَعُوذُ بِكَ مِنْ عَذَابِ الْقَبْرِ، وَمِنْ عَذَابِ جَهَنَّمَ، وَمِنْ فِتْنَةِ الْمَحْيَا وَالْمَمَاتِ، وَمِنْ شَرِّ فِتْنَةِ الْمَسِيحِ الدَّجَّالِ). |

Eebboow waxaan kaa magan gelayaa cadaabta qabriga, cadaabka naarta Jahanama, fitnada nolosha, tan geerida iyo fitnada Dajjaal Cawar.

| | ٢- اللَّهُمَّ إِنِّي ظَلَمْتُ نَفْسِي ظُلْماً كَثِيراً، وَلاَ يَغْفِرُ الذُّنُوبَ إِلاَّ أَنْتَ، فَاغْفِرْ لِي مَغْفِرَةً مِنْ عِنْدِكَ وَارْحَمْنِي، إِنَّكَ أَنْتَ الغَفُورُ الرَّحِيمُ. |
|---|---|
| (Allaahumma innii thalamtu nafsii thulman kathiiran, walaa yaghfirud-thunuuba illaa anta, faghfir lii maghfiratan min cindika, war xamnii, innaka antal-gha-fuurur-raxiim). | |

Eebboow, anigu waxaan dulmiyey naftayda dulmi badan, adiga maahee cid dembiyada dhaaftaa ma jirto ee ii dembi dhaaf, dambi dhaafid xaggaaga ka timid, oo ii naxariiso. Eebboow, adiga ayaa ah dembi dhaafe naxariis badan.

| | ٣- اللَّهُمَّ اغْفِرْ لِي مَا قَدَّمْتُ، وَمَا أَخَّرْتُ، وَمَا أَسْرَرْتُ، وَمَا أَعْلَنْتُ، وَمَا أَسْرَفْتُ، وَمَا أَنْتَ أَعْلَمُ بِهِ مِنِّي. أَنْتَ الْمُقَدِّمُ، وَأَنْتَ الْمُؤَخِّرُ لاَ إِلَهَ إِلاَّ أَنْتَ. |
|---|---|
| (Allaahum-maghfirlii maa qaddamtu wa maa akh-khartu, wa maa asrartu, wa maa aclantu, wa maa asraftu, wa maa anta aclamu bihi minnii, antal muqad-dimu wa antal mu'akh-khiru, laa ilaaha illaa ant). | |

Eebboow ii dhaaf, wixii aan hormarsaday, wixii aan dib marsaday, wixii aan qarsaday, wixii aan muujistay, wixii aan ku xad-gudbay iyo wixii aad adigu iga ogtahay oo dhan. Eebboow, adiga ayaa wax hormariya waxna dibmariya. Eebbe xaq lagu caabudo oo aan adiga ahaynna ma jiro.

| | ٤- اللَّهُمَّ أَعِنِّي عَلَى ذِكْرِكَ، وَشُكْرِكَ، وَحُسْنِ عِبَادَتِكَ. |
|---|---|
| (Allaahumma acinnii calaa thikrika wa shukrika, wa xusni cibaadatik) | |

Eebboow igu kaalmee inaan ku xuso oo kuu mahad celiyo iyo inaan si wanaagsan kuu caabudo.

## 26
## DUCOOYINKA SALAADDA KADDIB
(الأذْكَارُ بَعْدَ الصَّلَاةِ)

Ducooyinka la aqristo marka salaadda laga baxo:

| | ١- (أَسْتَغْفِرُ اللَّه) ثلاث مرات. |
|---|---|
| (Astaghfirullaah). Saddex jeer. | |

Eebboow dembi dhaaf ayaan ku weydiisanayaa.

٢- (اللَّهُمَّ أَنْتَ السَّلاَمُ، وَمِنْكَ السَّلاَمُ، تَبَارَكْتَ يَا ذَا الْجَلاَلِ وَالْإِكْرَامِ).

(Allaahumma antas-salaam, wa minkas-salaam, tabaarakta yaa thal jalaali wal ikraam)

Eebboow adiga ayaa nabad geliye ah, nabaddana adigaa bixiya, xumaan ayaad ka hufnaatey. Allihii weynaanta iyo karaamada lahaayoow, xumaan oo dhan ayaad ka hufnaatay.

٣- (لاَ إِلَهَ إِلاَّ اللَّهُ وَحْدَهُ لاَ شَرِيكَ لَهُ، لَهُ الْمُلْكُ وَلَهُ الْحَمْدُ وَهُوَ عَلَى كُلِّ شَيْءٍ قَدِيرٌ).

(Laa ilaaha illalaahu waxdahu laa shariika lah, lahul mulku wa lahul xamdu, wa huwa calaa kulli shay-in qadiir).

Ilaah xaq lagu caabudo ma jiro Allaah mooyee, cid wax la wadaagtaana ma jirto, isaga ayaa leh boqortinnimada iyo mahad oo dhan, wax kastana wuu awoodaa.

٤- (اللَّهُمَّ لاَ مَانِعَ لِمَا أَعْطَيْتَ، وَلاَ مُعْطِيَ لِمَا مَنَعْتَ، وَلاَ يَنْفَعُ ذَا الْجَدِّ مِنْكَ الْجَدُّ).

(Allaahumma laa maanica limaa acdhayta, walaa mucdhiya limaa manacta, walaa yanfacu thal jaddi minkal jadd).

Eebboow wixii aad bixisid cid diidi kartaa ma jirto, wixii aad diidana cid bixin kartaa ma jirto, mid kasta oo jaah iyo hanti lehna agtaada waxba ugama tarayso.

٥- (سُبْحَانَ اللَّهِ، وَالْحَمْدُ لِلَّهِ، وَاللَّهُ أَكْبَرُ). ثَلاَثاً وَثَلاَثِينَ مَرَّةً.

(Subxaanallaah, wal-xamdu lillaah, wallaahu akbar). Soddon iyo saddex jeer.

Eebbe weyne ayaa xumaan oo dhan ka hufan, mahad oo dhanna Eebbe ayaa iska leh, Isagaana wax walba ka weyn.

Sidoo kale, salaad walba gadaasheeda suuradahan akhriso:

| | |
|---|---|
| ١- سورة الإخلاص (قُلْ هُوَ اللَّهُ أَحَدٌ). | (Qul-huwwallaahu axad ama Suuratul Ikhlaas). |
| ٢- سورة الفلق (قُلْ أَعُوذُ بِرَبِّ الْفَلَقِ). | (Qul acuuthu bi rabbil falaq ama Suuratul Falaq). |
| ٣- سورة الناس (قُلْ أَعُوذُ بِرَبِّ النَّاسِ). | (Qul acuuthu bi rabbin-naas ama Suuratun Naas). |

٤- آيَةُ الكُرْسِي ﴿ ٱللَّهُ لَآ إِلَٰهَ إِلَّا هُوَ ٱلۡحَيُّ ٱلۡقَيُّومُۚ لَا تَأۡخُذُهُۥ سِنَةٌ وَلَا نَوۡمٌۚ لَّهُۥ مَا فِي ٱلسَّمَٰوَٰتِ وَمَا فِي ٱلۡأَرۡضِۗ مَن ذَا ٱلَّذِي يَشۡفَعُ عِندَهُۥٓ إِلَّا بِإِذۡنِهِۦۚ يَعۡلَمُ مَا بَيۡنَ أَيۡدِيهِمۡ وَمَا خَلۡفَهُمۡۖ وَلَا يُحِيطُونَ بِشَيۡءٖ مِّنۡ عِلۡمِهِۦٓ إِلَّا بِمَا شَآءَۚ وَسِعَ كُرۡسِيُّهُ ٱلسَّمَٰوَٰتِ وَٱلۡأَرۡضَۖ وَلَا يَـُٔودُهُۥ حِفۡظُهُمَاۚ وَهُوَ ٱلۡعَلِيُّ ٱلۡعَظِيمُ ﴾

(Allaahu laa ilaaha illaa huwal xayyul qayyuum, la ta'khuduhuu sinatun walaa nawm, lahuu maa fis-samaawaati wa maa fil ard, man thal-ladii yashfacu cindahu illaa bi'ithnih, yaclamu maa bayna aydiihim wamaa khalfahum, walaa yuxiidhuuna bishey'im min cilmihii illaa bimaa shaa', wasica kursiyuhus-samaawaaati wal ard, walaa ya'uuduhu xifthuhumaa wahuwal-caliyyul cathiim).

Eebbe ilaah aan isaga ahayn oo xaq lagu caabudo ma jiro, waana Eebbaha nool, khalqigana maamula. Eebbe ma qabato lulmo iyo hurdo midna, Waxuuna iska leeyahay waxa samooyinka iyo dhulkaba ku sugan. Eebbe agtiisa qofna kama shafeeci karo idankiisa mooyee. Wuxuu ogyahay (Eebbe) waxa dadka hortooda ah iyo waxa ka dambeeya, Cidna cilmigiisa ma koobi karto wuxuu isagu doono mooyee. Kursigiisu wuxuu ka waasacsan yahay samaawaadka iyo dhulka, mana cusleyso ilaalintoodu, Eebbana waa sarreeyaha wayn.

### 27

## DUCADA SALAADDA IS-TIKHAARADA
( دُعَاءُ صَلَاةِ الِاسۡتِخَارَةِ )

Ducada la aqriyo marka salaadda istikhaarada la tukado:

(اللَّهُمَّ إِنِّي أَسۡتَخِيرُكَ بِعِلۡمِكَ، وَأَسۡتَقۡدِرُكَ بِقُدۡرَتِكَ، وَأَسۡأَلُكَ مِنۡ فَضۡلِكَ العَظِيمِ؛ فَإِنَّكَ تَقۡدِرُ وَلَا أَقۡدِرُ، وَتَعۡلَمُ وَلَا أَعۡلَمُ، وَأَنۡتَ عَلَّامُ الغُيُوبِ، اللَّهُمَّ إِنۡ كُنۡتَ تَعۡلَمُ أَنَّ هَذَا الأَمۡرَ خَيۡرٌ لِي فِي دِينِي وَمَعَاشِي وَعَاقِبَةِ أَمۡرِي فَاقۡدُرۡهُ لِي وَيَسِّرۡهُ لِي ثُمَّ بَارِكۡ لِي فِيهِ، وَإِنۡ كُنۡتَ تَعۡلَمُ أَنَّ هَذَا الأَمۡرَ شَرٌّ لِي فِي دِينِي وَمَعَاشِي وَعَاقِبَةِ أَمۡرِي فَاصۡرِفۡهُ عَنِّي وَاصۡرِفۡنِي عَنۡهُ وَاقۡدُرۡ لِي الخَيۡرَ حَيۡثُ كَانَ، ثُمَّ أَرۡضِنِي بِهِ).

(Allaahumma innii astakhiiruka bi cilmik, wa astaqdiruka bi qudratik, wa as'aluka min fadlikal-cathiim, fa innaka taqdiru walaa aqdir, wa taclamu walaa aclam, wa anta callaamul ghuyuub. Allaahumma in kunta taclamu anna haathal-amra (wuu magacaabayaa baahidiisa) khayrun lii fii diinii wa macaashii wa caaqibati amrii faqdurhu lii wa yas-sirhu lii, thumma baarik lii fiih, wa in kunta taclamu anna haathal-amra sharrun lii fii diinii wa macaashii wa caaqibati amrii fas-rifhu cannii was-rifnii canhu, waqdur liyal-khayra xaythu kaana, thumma ardinii bih).

Eebboow ii door laba arrimood middii roon, anigoo kugu waydiisanaya cilmigaaga iyo awooddaada darteed, waxaanan ku weydiisanayaa fadligaaga. Waayo adigu Eebbow, waad awooddaa aniguse ma awoodo, waadna ogtahay aniguna waxba ma ogi, waxaadna tahay Eebbow, ogaal badane wixii maqan oo dhan og (Qaybka). Eebboow haddii aad ogtahay in arrinkani (Wuu magacaabayaa baahidiisa) khayr u yahay diintayda, nolashayda iyo aayahayga dambe, Eebbow ii qadar iina fududee. Haddaadse Eebboow ogtahay in arrinkani shar u yahay diintayda, nolashayda iyo weliba aayahayga dambe; Eebbow, iga weeci igana jeedi ina waafaji khayrku meesha uu ku jiro, kaddibna igu raalli geli.

## 28

### ADKAARTA AROORTII IYO GALABTII
(أَذْكَارُ الصَّبَاحِ وَالْمَسَاءِ)

Ducooyinka la aqristo aroortii iyo galabtii:

1- (أَصْبَحْنَا وَأَصْبَحَ الْمُلْكُ لِلَّهِ، وَالْحَمْدُ لِلَّهِ، لاَ إِلَهَ إِلاَّ اللَّهُ وَحْدَهُ لاَ شَرِيكَ لَهُ، لَهُ الْمُلْكُ وَلَهُ الْحَمْدُ وَهُوَ عَلَى كُلِّ شَيْءٍ قَدِيرٌ، رَبِّ أَسْأَلُكَ خَيْرَ مَا فِي هَذَا الْيَوْمِ وَخَيْرَ مَا بَعْدَهُ، وَأَعُوذُ بِكَ مِنْ شَرِّ مَا فِي هَذَا الْيَوْمِ وَشَرِّ مَا بَعْدَهُ، رَبِّ أَعُوذُ بِكَ مِنَ الْكَسَلِ وَسُوءِ الْكِبَرِ، رَبِّ أَعُوذُ بِكَ مِنْ عَذَابٍ فِي النَّارِ وَعَذَابٍ فِي الْقَبْرِ).

(Asbaxnaa wa asbaxal mulku lillaah, wal-xamdu lillaah, laa ilaaha illallaahu waxdahu laa shariika lah, lahul-mulku wa lahul-xamdu, wa huwa calaa kulli shay'in qadiir. Rabbi as'aluka khayra maa fii haathal yawm, wa khayra maa bacdah, wa acuuthu bika min sharri maa fii haathal yawm, wa sharri maa bacdah, Rabbi acuuthu bika minal-kasali, wa suu'il-kibar, Rabbi acuuthu bika min cathaabin fin-naari wa cathaabin fil-qabri).

Waagaa noo beryey, tiiyoo mulkiga iyo koonkaba Alle leeyahay, mahad oo dhan isagaa iska leh, Ilaah xaq lagu caabudo oo aan isaga ahaynna ma jiro, cid wax la wadaagtana ma laha. Wuxuu leeyahay boqornimada iyo mulkiga, wuxuuna mudan yahay in loo mahad celiyo, wax kastana wuu karaa. Rabbiyoow, waxaan ku weydiisanayaa wixii maalintan khayr ku jira iyo khayrka ka dambeeya, waxaan kaa magan gelayaa sharka maalintan iyo sharka ka dambeeya. Rabbiyoow, waxaan kaa magan gelayaa caajiska (tabar darada) iyo si xun u gabawga. Rabbiyoow, waxaan kaa magan gelayaa cadaabka naarta iyo kan qabrigaba.

Taasi waxay ahayd ducada gelinka hore ee maalinkii la aqristo, gelinka dambena sidaan ayaad u aqrinaysaa:

(Amsaynaa wa amsal-mulku lillaah, wal-xamdu lillaah, laa ilaaha illallaahu waxdahu laa shariika lahu, lahul-mulku wa lahul-xamdu wa huwa calaa kulli shay'in qadiir. Rabbi as'aluka khayra maa fii haathal yawm, wa khayra maa bacdah, wa acuuthu bika min sharri maa fii haathal yawmi wa sharri maa bacdah, Rabbi acuuthu bika minal-kasali, wa suu'il-kibari, rabbi acuuthu bika min cathaabin fin-naar wa cathaabin fil-qabri).

(أَمْسَيْنَا وَأَمْسَى الْمُلْكُ لِلَّهِ، وَالْحَمْدُ لِلَّهِ، لاَ إِلَهَ إِلاَّ اللَّهُ وَحْدَهُ لاَ شَرِيكَ لَهُ، لَهُ الْمُلْكُ وَلَهُ الْحَمْدُ وَهُوَ عَلَى كُلِّ شَيْءٍ قَدِيرٌ، رَبِّ أَسْأَلُكَ خَيْرَ مَا فِي هَذِهِ الليلة وَخَيْرَ مَا بَعْدَهَا، وَأَعُوذُ بِكَ مِنْ شَرِّ مَا فِي هَذِهِ الليلة وَشَرِّ مَا بَعْدَهَا، رَبِّ أَعُوذُ بِكَ مِنَ الْكَسَلِ وَسُوءِ الْكِبَرِ، رَبِّ أَعُوذُ بِكَ مِنْ عَذَابٍ فِي النَّارِ وَعَذَابٍ فِي الْقَبْرِ).

**Waan galabaysannay, tiiyoo mulkiga iyo koonkaba Alle leeyahay, mahad oo dhan isagaa iska leh, Ilaah xaq lagu caabudo oo aan isaga ahaynna ma jiro, cid wax la wadaagtana ma laha. wuxuu leeyahay boqornimada iyo mulkiga, wuxuuna mudan yahay in loo mahad celiyo, wax kastana wuu karaa. Rabbiyoow waxaan ku weydiisanayaa wixii habeenkan khayr ku jira iyo khayrka ka dambeeya, waxaanan kaa magan gelayaa sharka habeenkan iyo sharka ka dambeeya. Rabbiyoow waxaan kaa magan gelayaa caajiska (tabar darrada) iyo si xun u gabawga. Rabbiyoow waxaan kaa magan gelayaa cadaabka naarta iyo kan qabrigaba.**

(Allaahumma bika asbaxnaa, wa bika amsaynaa, wabika naxyaa wa bika namuutu, wa ilaykan-nushuur).

٢- (اللَّهُمَّ بِكَ أَصْبَحْنَا، وَبِكَ أَمْسَيْنَا، وَبِكَ نَحْيَا، وَبِكَ نَمُوتُ وَإِلَيْكَ النُّشُورُ).

**Eebboow amarkaaga ayaannu ku waabariisanay, amarkaagana waa ku galabaysanay, amarkaaga ayaannu ku noolnahay, amarkaagana waa ku dhimanaynaa, xaggaaga ayaana loo noqonayaa maalinta soo bixidda/qiyaahama.**

Taasi waa gelinka hore, gelinka danbana waxaad u aqrinaysaa sidaan:

(Allaahumma bika amsaynaa wa bika asbaxnaa, wabika naxyaa wabika namuutu, wa ilaykan-nushuur).

(اللَّهُمَّ بِكَ أَمْسَيْنَا وَبِكَ أَصْبَحْنَا، وَبِكَ نَحْيَا، وَبِكَ نَمُوتُ وَإِلَيْكَ النُّشُورُ).

Eebboow amarkaaga ayaannu ku galabaysanay, amarkaagana waa ku waabariisanney, amarkaaga ayaannu ku noolnahay, amarkaagana waa ku dhimanaynaa, xaggaaga ayaana loo noqonayaa maalinta soo bixidda/qiyaamaha.

(Allaahumma caafinii fii badanii, Allaahumma caafinii fii samcii, Allaahumma caafinii fii basarii, laa ilaaha illaa anta, Allaahumma innii acuuthu bika minal kufri wal faqri, wa acuudthu bika min cathaabil qabri, laa ilaaha illaa ant).

3- (اللَّهُمَّ عَافِنِي فِي بَدَنِي، اللَّهُمَّ عَافِنِي فِي سَمْعِي، اللَّهُمَّ عَافِنِي فِي بَصَرِي، لاَ إِلَهَ إِلاَّ أَنْتَ. اللَّهُمَّ إِنِّي أَعُوذُ بِكَ مِنَ الْكُفْرِ، وَالْفَقْرِ، وَأَعُوذُ بِكَ مِنْ عَذَابِ الْقَبْرِ، لاَ إِلَهَ إِلاَّ أَنْتَ). ثَلاَثَ مَرَّاتٍ.

Eebboow jirka ii caafi, Eebboow maqalka ii caafi, Eebboow aragga ii caafi. Ilaah xaq lagu caabudo oo aan adiga ahayni ma jiro. Eebboow waxaan kaa magan gelayaa diin ka baxa/gaalnimada. Eebboow waxaan kaa magan gelayaa saboolnimo/faqri iyo cadaabka xabaasha. Eebboow Ilaah xaq lagu caabudo oo aan adiga ahayn ma jiro). Saddex mar ayuu oranayaa.

(Xasbiya-llaahu laa Ilaaha illaa huwa, calayhi tawakkaltu wa huwa Rabbul carshil cathiim).7 jeer.

4- (حَسْبِيَ اللَّهُ لاَ إِلَهَ إِلاَّ هُوَ عَلَيْهِ تَوَكَّلْتُ وَهُوَ رَبُّ الْعَرْشِ الْعَظِيمِ). سَبْعَ مَرَّاتٍ.

Eebbahay ayaa igu filan, Ilaah xaq lagu caabudo oo aan isaga ahayn ma jiro, isagaanan tala saartay, isaguna waa Eebbaha iska leh carshiga weyn). todobo mar ayaad dhahaysaa.

(Bismillaahil-lathii laa yadurru macas-mihi shay'un fil ardi walaa fis-samaa'i, wa huwas-samiicul caliim).

5- (بِسْمِ اللَّهِ الَّذِي لاَ يَضُرُّ مَعَ اسْمِهِ شَيْءٌ فِي الأَرْضِ وَلاَ فِي السَّمَاءِ وَهُوَ السَّمِيعُ الْعَلِيمُ). ثَلاَثَ مَرَّاتٍ.

Magaca Eebbahay ayaan cuskanayaa, magacaas oo qofka cuskada aanay dhibi karin cirka iyo dhulka waxa jooga midna, Eebbena waa maqal badane cilmi badan.

٦- (اللَّهُمَّ صَلِّ وَسَلِّمْ عَلَى نَبِيِّنَا مُحَمَّدٍ). عَشَرَ مَرَّاتٍ.

(Allahuma salli wa sallim calaa nabiyyinaa Muxammad). Toban jeer.

**Eebboow naxariis iyo nabadgelyo Nebigeenna Muxammad ah korkiisa yeel.**

٧- (اللَّهُمَّ إِنِّي أَسْأَلُكَ عِلْماً نَافِعاً، وَرِزْقاً طَيِّباً، وَعَمَلاً مُتَقَبَّلاً).

(Allaahumma innii as'aluka cilman naafican, wa rizqan dhayiban, wa camalan mutaqabbalaa).

**Rabiyoow waxaan ku weydiisanayaa cilmi waxtar leh, dheef wanaagsan oo xalaal ah iyo camal suubban oo la aqbalo.**

٨- (أَسْتَغْفِرُ اللهَ وَأَتُوبُ إِلَيْهِ). مِائَةَ مَرَّةٍ فِي الْيَوْمِ.

(Astagh-firullaaha wa atuubu ilayh) (. Boqol jeer maalintii).

**Ilaahay ayaan dambi-dhaaf weydiisanayaa, una toobad keenayaa.**

٩- (أَعُوذُ بِكَلِمَاتِ اللهِ التَّامَّاتِ مِنْ شَرِّ مَا خَلَقَ). ثَلاثَ مَرَّاتٍ.

(Acuuthu bi kalimaatil-laahit-taam-maati min sharri maa khalaq).

**Kalmadaha Eebbe ee dhammayska-tiran ayaan ka magan gelayaa wixii uu shar uumay oo dhan.**

## 29 ADKAARTA HURDADA
(أَذْكَارُ النَّوْمِ)

Qaar ka mid ah ducooyinka ama adkaarta la aqristo marka la seexanayo:

١- (بِاسْمِكَ اللَّهُمَّ أَمُوتُ وَأَحْيَا).

(Bismikallaahumma amuutu wa axyaa).

**Eebboow magacaaga ayaan ku dhimanayaa kuna noolaanayaa.**

| | |
|---|---|
| (Bismika Rabbii, wadactu janbii, wa bika arfacuh, fa in amsakta nafsii far-xamhaa, wa in arsaltahaa fax-fathhaa, bimaa taxfathu bihi cibaa-dakas-saalixiin). | ٢- (بِاسْمِكَ رَبِّي وَضَعْتُ جَنْبِي، وَبِكَ أَرْفَعُهُ، فَإِنْ أَمْسَكْتَ نَفْسِي فَارْحَمْهَا، وَإِنْ أَرْسَلْتَهَا فَاحْفَظْهَا، بِمَا تَحْفَظُ بِهِ عِبَادَكَ الصَّالِحِينَ). |

Eebboow magacaaga ayaan dhinacayga dhulka ku dhigay, idankaaga ayaanan ku soo kacayaa. Eebboow haddii aad naftayda qabatid u naxariiso, haddii aad daysana ilaali, kuna ilaali waxa aad ku ilaalisid addoomahaaga wanaagsan.

| | |
|---|---|
| (Subxaanallaah). Soddon iyo saddex jeer | ٣- (سُبْحَانَ اللَّهِ) ثَلاثاً وَثَلاثِينَ. |

Ilaahay ayaa ka hufan xumaan iyo ceebba.

| | |
|---|---|
| (Walxamdu lillaah). Soddon iyo saddex jeer). | ٤- (وَالْحَمْدُ لِلَّهِ) ثَلاثاً وَثَلاثِينَ. |

Mahadna Eebbe ayaa iska leh.

| | |
|---|---|
| (Wallaahu akbar). Soddon iyo afar jeer. | ٥- (وَاللَّهُ أَكْبَرُ). أَرْبَعاً وَثَلاثِينَ. |

Ilaahay ayaa weyn.

| | |
|---|---|
| (Allaahumma aslamtu nafsii ilayk, wa fawadtu amrii ilayk, wa wajjahtu wajhii ilayk, wa alja'tu thahrii ilayk, raghbatan wa rahbatan ilayk, laa malja'a walaa manjaa minka illaa ilayk, aamantu bi kitaabikal-ladii anzalta, wa binabiyyikal-lathii arsalt). | ٦- (اللَّهُمَّ أَسْلَمْتُ نَفْسِي إِلَيْكَ، وَفَوَّضْتُ أَمْرِي إِلَيْكَ، وَوَجَّهْتُ وَجْهِي إِلَيْكَ، وَأَلْجَأْتُ ظَهْرِي إِلَيْكَ، رَغْبَةً وَرَهْبَةً إِلَيْكَ، لاَ مَلْجَأَ وَلاَ مَنْجَا مِنْكَ إِلاَّ إِلَيْكَ، آمَنْتُ بِكِتَابِكَ الَّذِي أَنْزَلْتَ، وَبِنَبِيِّكَ الَّذِي أَرْسَلْتَ). |

Eebboow naftaydii adiga ayaan kuu dhiibey, arrinkaygana adigaan kuu tala saartey, wajigaygana dhankaagaan u soo jeediyey, dhabarkaygana xaggaagaan la magan saday, doonis aan naxariistaada doonayo iyo cabsi aan ciqaabkaaga ka qabo darteed, meel lagu gabbado iyo meel la magansado ma jirto dhankaaga mooyee. Eebboow waxaan rumeeyey kitaabkaaga aad soo dejisey iyo Nebigaaga aad soo dirtayba.

## DUCADA MARKA HURDADA LAGA TOOSO

(الذِّكْرُ عِنْدَ الإِسْتِيْقَاظِ مِنَ النَّوْمِ)

Ducada la aqristo marka hurdada laga soo kaco:

١- (الْحَمْدُ لِلَّهِ الَّذِي أَحْيَانَا بَعْدَ مَا أَمَاتَنَا، وَإِلَيْهِ النُّشُورُ).

(Al-xamdu lillahil-lathii axyaanaa bacda maa amaatanaa, wa iley-hin-nushuur).

Mahad waxaa iska leh Eebbihii na nooleeyay markii uu na oofsaday kaddib, xaggiisa ayaana loo laabanayaa maalinta soo bixidda/ qiyaamaha.

٢- (الْحَمْدُ لِلَّهِ الَّذِي عَافَانِي فِي جَسَدِي، وَرَدَّ عَلَيَّ رُوحِي، وَأَذِنَ لِي بِذِكْرِهِ).

(Al-xamdu lillaahil-lathii caafaanii fii jasadii, wa radda calayya ruuxii, wa athina lii bithikrih).

Eebbe ayaa mahad leh, Eebbihii ii caafimaadiyey jirkayga, ii soo celiyey naftayda, iina ogolaaday xusiddiisa.

٣- (لَا إِلَهَ إِلَّا اللَّهُ وَحْدَهُ لَا شَرِيكَ لَهُ، لَهُ الْمُلْكُ وَلَهُ الْحَمْدُ، وَهُوَ عَلَى كُلِّ شَيْءٍ قَدِيرٌ، سُبْحَانَ اللَّهِ، وَالْحَمْدُ لِلَّهِ، وَلَا إِلَهَ إِلَّا اللَّهُ، وَاللَّهُ أَكْبَرُ، وَلَا حَوْلَ وَلَا قُوَّةَ إِلَّا بِاللَّهِ الْعَلِيِّ الْعَظِيمِ، رَبِّ اغْفِرْ لِي).

(Laa ilaaha illal-laahu waxdahu laa shariika lah, lahul mulku wa lahul-xamdu, wa huwa calaa kulli shey'in qadiir. Subaxaanallaah, wal-xamdu lillaah, wa laa ilaaha illallaahu, wallaahu akbar, walaa xawla walaa quwwata illaa bil-laahil-caliyyil cathiim, Rabbigh-firlii).

Ilaah xaq lagu caabudo ma jiro Eebbe weyne mooyee. Waa Eebbe keli ah, cid wax la wadaagtana ma jirto. Waa Eebbaha Mulkiga leh ammaantana mudan, wax kastana awooda. Ilaahay ayaa xumaan oo dhan ka hufan, mahadna leh, ahna Eebbaha xaqa lagu caabudo. Eebbe ayaa weyn, xeelad iyo awoodna keligiis ayey usugnaadeen. Waana Allihii sarreeyay ee weynaa. Rabiyow ii dembi dhaaf.

## 31

### DUCADA SASKA HURDADA
(دُعَاءُ الْفَزَعِ فِي النَّوْمِ)

Ducada la aqristo markii hurdada laga saso ama laga soo boodo:

| (Acuuthu bikalimaatil-laahit-taam-maati min ghadabihi, wa ciqaabih, wa sharri cibaadih, wa min hamazaatish-shayaadhiini wa an yaxduruun). | (أَعُوذُ بِكَلِمَاتِ اللَّهِ التَّامَّاتِ مِنْ غَضَبِهِ وَعِقَابِهِ، وَشَرِّ عِبَادِهِ، وَمِنْ هَمَزَاتِ الشَّيَاطِينِ وَأَنْ يَحْضُرُونِ). |
|---|---|

Waxaan carada Alle, ciqaabkiisa, dhibaatada addoomihiisa, waswaaska shayaadiinta iyo inay ii yimaadaanba ka magan gelayaa kalmadihiisa dhamayska tiran.

## 32

### MUXUU SAMAYN QOFKII QAROW LA SOO KACA
(مَا يَفْعَلُ إِذَا كَانَ يَفْزَعُ فِي مَنَامِهِ)

Qofkii qarow hurdada uga salala, ama arka wax kale oo uu dhibsado ha sameeyo sida hoos ku xusan:
1. Dhankiisa bidixda saddex tufmo ha utufo (Sidii isagoo qof ku tufaya oo kale).
2. Saddex jeer shaydaanka ha iska naaro sida hoos ku qoran.

| (Acuuthu billaahi minash-shay-dhaanir-rajiim). | (أَعُوذُ بِاللَّهِ مِنَ الشَّيْطَانِ الرَّجِيمِ). |
|---|---|

Waxaan Eebbe ka magan gelayaa shaydaanka la fogeeyey.

**Wuxuu kale oo Eebbe ka magan gelayaa wixii uu arkay sharkooda.**
1. Dhankuu qofku u jiifey ma ahee dhinaca kale ha isku rogo.
2. Haddii uu awoodana salaad sunna ah ha tukado.

## 33

### DUCADA GAD-GADOONKA HURDADA
(الدُّعَاءُ إِذَا تَقَلَّبُ لَيْلًا)

Ducada la aqristo marka qofku is geddinayo habeenkii:

(لاَ إِلَهَ إِلاَّ اللَّهُ الْوَاحِدُ الْقَهَّارُ، رَبُّ السَّمَوَاتِ وَالأَرْضِ وَمَا بَيْنَهُمَا الْعَزِيزُ الْغَفَّارُ).

(Laa ilaaha illallaahul waaxid-ul-qah-haar, Rabbus-samaawaati wal ardi wa maa baynahumal-caziizul-ghaffaar).

Ilaah xaq lagu caabudo ma jiro eebbe mooyee, Allaha keliga ah ee ka awood weyn wax walba oo adduunka jooga, ahna Rabbiga maamula cirarka iyo dhulka iyo waxa u dhexeeya, ahna midka awood iyo sharafba leh oo dembi dhaafidda badan.

## DUCADA HAMMIGA IYO MURUGADA

(دُعَاءُ الْهَمِّ وَالْحُزْنِ)

Ducada la aqristo markay kula soo dersaan Hammi iyo Murug.

(اللَّهُمَّ إِنِّي عَبْدُكَ، ابْنُ عَبْدِكَ، ابْنُ أَمَتِكَ، نَاصِيَتِي بِيَدِكَ، مَاضٍ فِيَّ حُكْمُكَ، عَدْلٌ فِيَّ قَضَاؤُكَ، أَسْأَلُكَ بِكُلِّ اسْمٍ هُوَ لَكَ، سَمَّيْتَ بِهِ نَفْسَكَ، أَوْ أَنْزَلْتَهُ فِي كِتَابِكَ، أَوْ عَلَّمْتَهُ أَحَداً مِنْ خَلْقِكَ، أَوِ اسْتَأْثَرْتَ بِهِ فِي عِلْمِ الْغَيْبِ عِنْدَكَ، أَنْ تَجْعَلَ الْقُرْآنَ رَبِيعَ قَلْبِي، وَنُورَ صَدْرِي، وَجَلَاءَ حُزْنِي، وَذَهَابَ هَمِّي).

(Allahumma innii cabduka, ibnu cabdika, ibnu amatik, naasiyatii bi yadik, maadin fiyya xukmuk, cadlun fiyya qadaa'uk, as'aluka bi-kullis-min huwa lak, sammayta bihi nafsak, aw anzaltahu fii kitaabik, aw callamtahu axadan min khalqik, aw ista'tharta bihi fii cilmil-ghaybi cindak, an tajcalal-qur'aana rabiica qalbii, wa nuura sadrii, wa jalaa'a xuznii, wa thahaaba hammii).

Allhayoow anigu waxaan ahay addoonkaaga, ina adoonkiisa iyo adoontiisa. Eebboow amarkaygu gacantaada ayuu ku jiraa, xukunk-aaguna wuu igu fulayaa, wixii aad ii qadarteyna waa caddaalad, waxaan kugu baryayaaa magac kasta oo aad leedahay, aadna isku magacawday, ama aad ku soo dejisay kitaabkaaga, amase aad bartay qof ka mid ah uunkaaga, ama aad ku gaar yeeshay cilmi qaybkaaga, in aad Qur'aanka weyn ka yeesho qaboojiyaha qalbigayga, nuurka laabtayda, faydaha walbahaarkayga, iyo baabi'yaha murugadayda iyo walwalkayga.

## 35

## ARGAGAXA (الرُّعب)

Adkaarta la aqristo marka la argagaxo:

(لاَ إِلَهَ إِلاَّ اللَّهُ!)

(Laa ilaaha illallaah).

Ilaah xaq lagu caabudaa ma jiro Eebbe mooyee.

## 36

## DUCADA KURBADA IYO WALWALKA (دُعَاءُ الكَرْب)

Ducada ama ducooyinka kurbada iyo walwalka laga aqristo:

1- (لاَ إِلَهَ إِلاَّ اللَّهُ العَظِيمُ الحَلِيمُ، لاَ إِلَهَ إِلاَّ اللَّهُ رَبُّ العَرْشِ العَظِيمِ، لاَ إِلَهَ إِلاَّ اللَّهُ رَبُّ السَّمَوَاتِ وَرَبُّ الأَرْضِ وَرَبُّ العَرْشِ الكَرِيمِ).

(Laa ilaaha illallaa-hul-cathiimul-xaliim, laa ilaaha illallaahu rabbul carshil-cathiim, laa ilaaha illallaahu rabbus-samaawaati wa rabbul ardi wa rabbul carshil-kariim).

Ilaah xaq lagu caabudo ma jiro, Eebbaha weyn ee dulqaadka badan mooyee. Ilaah xaq lagu caabudo ma jiro, Eebbaha carshiga weyn leh mooyee. Ilaah xaq lagu caabudo ma jiro, Eebbaha cirarka, dhulka iyo carshiga wanaagsan Rabigooda ah mooyee.

2- (اللَّهُمَّ رَحْمَتَكَ أَرْجُو، فَلاَ تَكِلْنِي إِلَى نَفْسِي طَرْفَةَ عَيْنٍ، وَأَصْلِحْ لِي شَأْنِي كُلَّهُ، لاَ إِلَهَ إِلاَّ أَنْتَ).

(Allaahumma raxmataka arjuu, falaa takilnii ilaa nafsii dharfata cayn, wa aslix lii sha'nii kullah, laa ilaaha illaa anta).

Rabiyoow naxariistaada ayaan rajaynayaaye, naftayda il-biriqsina ha igu hallayn. Eebboow arrimahayga oo dhan ii hagaaji, Ilaah xaq lagu caabudo ma jiro adiga mooyee.

3- (لاَ إِلَهَ إِلاَّ أَنْتَ سُبْحَانَكَ إِنِّي كُنْتُ مِنَ الظَّالِمِينَ).

(Laa ilaaha illaa anta subxaanaka innii kuntu minath-thaalimiin).

Ilaah xaq lagu caabudo ma jiro adiga moyee, xumaan dhammaanteedna adaa ka hufan Eebbow, waxaan ahaa addoon naftiisa dulmiyey.

## 37

### DUCADA DEYNTA LOO AQRISTO

(دُعَاءُ قَضَاءِ الدَّيْنِ)

Ducooyinka daynta bixinteeda inuu Eebbe kuu fududeeyo loo aqristo:

(Allaahum-makfinii bixalaalika can xaraamik, wa aghninii bifadlika camman siwaak).

١- (اللَّهُمَّ اكْفِنِي بِحَلَالِكَ عَنْ حَرَامِكَ، وَأَغْنِنِي بِفَضْلِكَ عَمَّنْ سِوَاكَ).

**Eebboow xalaashaada igaga filnaysii xaaraantaada. iguna kaafi fadligaaga (dheeraadkaaga) wixii adiga kaa soo haray.**

(Allahumma innii acuuthu bika minal hammi wal xazani, wal cajzi wal kasal, wal bukhli waljubni, wadalcid-dayni wa ghalabatir-rijaal).

(اللَّهُمَّ إِنِّي أَعُوذُ بِكَ مِنَ الْهَمِّ وَالْحَزَنِ، وَالْعَجْزِ وَالْكَسَلِ، وَالْبُخْلِ وَالْجُبْنِ، وَضَلَعِ الدَّيْنِ وَغَلَبَةِ الرِّجَالِ).

**Allahayoow waxaan kaa magan gelayaa walwal iyo walbahaar, caajisnimo iyo culays (wahsi), bakhaylnimo iyo fulaynimo, inaan qaamoobo iyo ama deyn la igu dulleysto.**

## 38

### DUCADA QOFKA WAX KU CUSLAADAAN

(دُعَاءُ مَنِ اسْتَصْعَبَ عَلَيْهِ أَمْرٌ)

Ducada uu aqristo qofkii wax ku cuslaadaan:

(Allahumma laa sahla illaa maa jacaltahu sahlaa, wa anta tajcal-ul-xazna ithaa shi'ta sahlaa).

(اللَّهُمَّ لَا سَهْلَ إِلَّا مَا جَعَلْتَهُ سَهْلاً، وَأَنْتَ تَجْعَلُ الْحَزَنَ إِذَا شِئْتَ سَهْلاً).

**Allahayoow wax fudud oo aadan adigu fudayd ka dhigin ma jiro, Haddii aad doontidna murugada ayaad fudayd ka dhigtaa.**

## 39

**DUCADA WASWAASKA SALAADA IYO KAN QUR'AANKA**

(دُعَاءُ الوَسْوَسَةِ فِي الصَّلَاةِ وَالْقُرآن)

Ducada uu aqrisanayo qofka salaadda dhexdeeda iyo aqrinta Qur'aanka ku waswaasa.

| (Acuuthu billaahi minash-shay-dhaanir-rajiim). | (أَعُوذُ بِاللَّهِ مِنَ الشَّيْطَانِ الرَّجِيمِ). |
|---|---|

Eebbahay waxaan ka magan gelayaa shaydaanka la fogeeyey.

## 40

**DUCADA SHAYDAANKA LAGA AQRISTO**

(دُعَاءُ طَرْدِ الشَّيْطَانِ وَوَسَاوِسِه)

Ducada shaydaanka iyo waswaaskiisa la isaga eryo:

1. Allaah ayaa laga magan galaa, waxaana la akhriyaa ducadan hoos ku qoran:

| (Acuuthu billaahi minash-shay-dhaanir-rajiim). | (أَعُوذُ بِاللَّهِ مِنَ الشَّيْطَانِ الرَّجِيمِ). |
|---|---|

Eebbe ayaan ka magan gelayaa shaydaanka la fogeeyey.

2. Adkaarta, ducooyinka kala duwan iyo Qur'aankuba shaydaanka waa eryaan, sidaa darteed ku dadaal aqrintooda; si uu Eebbe kaaga bad-baadiyo shaydaanka iyo sharkiisaba. Khaasatan suuratul Baqarah guriga lagu aqriyo shaydaanku waa ka cararaa. Sidoo kale Aayatul kursiga waa in la aqriyo markii la seexanayo iyo qaar kamid ah adkaarta kale ee aan soo marnay.

## 41

**ADKAARTA QOFKA SHAKI KA GALO IIMAANKA**

(دُعَاءُ مَنْ أَصَابَهُ شَكٌّ فِي الْإِيمَان)

Ducada uu aqristo marka uu qofka shaki ka galo iimaankiisa:

1. Waa inuu shaydaanka iska naaraa:

(أَعُوذُ بِاللَّهِ مِنَ الشَّيْطَانِ الرَّجِيمِ).

2. Wuxuu joojinayaa kana fogaanayaa wixii waswaasiyey ama shakiga ku abuuray.

3. Wuxuu oranayaa:

(آمَنْتُ بِاللَّهِ وَرُسُلِهِ).

(Aamantu billaahi wa rusulih).

**Waxaan rumeeyey Eebbe iyo rusushiisa.**

4. Wuxuu aqrinayaa aayaddan hoose:

(هُوَ الْأَوَّلُ وَالْآخِرُ وَالظَّاهِرُ وَالْبَاطِنُ ۖ وَهُوَ بِكُلِّ شَيْءٍ عَلِيمٌ).

(Huwal-awwalu wal aakhiru wath-thaahiru wal-baadhinu, wa huwa bikulli shay'in caliim).

**Eebbe waa kan horeeyay, waana kan dambeeya, waana kan muuqda (khalqigiisa), waana kan indhaha ka qarsoon, wax walbana og.**

## 42
### DUCADA UU ORANAYO AMA FALAYO QOFKA DANBI KA DHACO
(مَا يَفْعَلُ أَوْ يَقُولُ مَنْ وَقَعَ عَلَى الذَّنْبِ)

Marka qofka danbi ka dhaco uu dembi ka dhaco, sidaan ha yeelo:

(مَا مِنْ عَبْدٍ يُذْنِبُ ذَنْبًا فَيُحْسِنُ الطُّهُورَ، ثُمَّ يَقُومُ فَيُصَلِّي رَكْعَتَيْنِ، ثُمَّ يَسْتَغْفِرُ اللَّهَ إِلَّا غَفَرَ اللَّهُ لَهُ).

**Ma jiro addoon dambaabay, kaddibna inta si wanaagsan u weysaystay istaagay oo tukaday laba rakcadood, oo Eebbe weyne dembi-dhaaf waydiistay, haddii uu jiro "addoon sidaas yeelaa" Eebbe wuu u dembi dhaafayaa.**

### 43

### DUCADA UU ORANAYO QOFKA DAD KA CABSADA
(مَا يَقُولُهُ مَنْ خَافَ قَوْمًا)

Ducada uu aqristo qofkii dad kale ka cabasada:

| (Allaahum-makfiniihim bimaa shi'ta). | ١- (اللَّهُمَّ اكْفِنِيهِمْ بِمَا شِئْتَ). |

**Allahayoow qoladaas iga kaafi, sidaad doontidna igaga celi.**

| (Allahumma innaa najcaluka fii nuxuurihim, wa nacuuthu bika min shuruurihim). | ٢- (اللَّهُمَّ إِنَّا نَجْعَلُكَ فِي نُحُورِهِم، وَنَعُوذُ بِكَ مِنْ شُرُورِهِمْ). |

**Eebboow dhuuntooda ayaan kugu aadinay (Laa oo dhamee) shartoodana waan kaa magan gelaynaa.**

###  44

### LA KULANKA CADAWGA
(دُعَاءُ لِقَاءِ العَدُوِّ)

Ducada la aqristo marka cadaw lala kulmo:

| (Allahumma anta cadudii, wa anta nasiirii, bika axuulu, wa bika asuulu, wa bika u qaatil). | ١- (اللَّهُمَّ أَنْتَ عَضُدِي، وَأَنْتَ نَصِيرِي، بِكَ أَحُولُ وَبِكَ أَصُولُ، وَبِكَ أُقَاتِلُ). |

**Rabiyoow adigaa cudud ii ah, adiga ayaana ii hiiliya, adiga awoodaada baan wax ku difaacaa, awoodaada baan ku weeraraa, awoodaadana waa ku diriraa.**

| (Xasbunallaahu wa nicmal wakiil). | ٢- (حَسْبُنَا اللَّهُ وَنِعْمَ الْوَكِيلُ). |

**Eebbe ayaa nagu filan, cid talo loo dhiibtana isagaa ugu fiican.**

## DUCADA QOFKA KA CABSADA GARDARRADA SULDAANKA

(دُعَاءُ مَنْ خَافَ مِنْ ظُلْمِ السُّلْطَانِ)

Ducada uu aqristo qofkii ka baqa dulmiga iyo xad-gudubka dadka madaxda ah.

(Allahumma rabbas-samaawa-tis-sabci, wa rabbal-carshil cathiim, kun lii jaaran min fulaan ibni fulaan, wa-axzaabihi min khalaa'iqik, an yafrudha calayya axadun minhum aw yadhghaa, cazza jaaruka, wa jalla thanaa'uka, walaa ilaaha illaa ant).

(اللَّهُمَّ رَبَّ السَّمَوَاتِ السَّبْعِ، وَرَبَّ الْعَرْشِ الْعَظِيمِ، كُنْ لِي جَاراً مِنْ فُلَانِ بْنِ فُلَانٍ، وَأَحْزَابِهِ مِنْ خَلَائِقِكَ، أَنْ يَفْرُطَ عَلَيَّ أَحَدٌ مِنْهُمْ أَوْ يَطْغَى، عَزَّ جَارُكَ، وَجَلَّ ثَنَاؤُكَ، وَلاَ إِلَهَ إِلاَّ أَنْتَ).

Eebbaha todobada cir iska lahoow, Eebbaha carshiga weyn lahaayow, Ilaahow iga bad-baadi hebel hebel iyo xulafadiisa oo uunkaaga ka mid ah. Eebboow, iga ilaali in mid iyaga ka mid ahi igu soo xad-gudbo, ama igu kibro oo igu gardarroodo. Eebboow, qof aad magan gelisey ayaan laga adkaan karin. Eebboow, ammaantaada ayaa weyn, Eebbe xaq lagu caabudaana ma jiro adiga mooyee.

## HABAARIDDA CADAWGA

(الدُّعَاءُ عَلَى الْعَدُوِّ)

Ducada la aqristo marka cadawga la habaarayo:

(Allaahumma munzilal kitaabi, sariical xisaabi, ihzimil-axzaaba, alla-hum-mahzim-hum wa zalzilhum).

(اللَّهُمَّ مُنْزِلَ الْكِتَابِ، سَرِيعَ الْحِسَابِ، اهْزِمِ الْأَحْزَابَ، اللَّهُمَّ اهْزِمْهُمْ وَزَلْزِلْهُمْ).

Allahayoow Allihii kitaabka soo dejiyoow, xisaabtiisuna degdegga badnaydow, jebi gaashaanbuurta oo garabkooda ka bax, Allow jebi oo gilgil.

## 47

### DUCADA QOFKA AY KU DHACDO ARRIN UUSAN JECLAYN

(الدُعَاءُ حِينَمَا يَقَعُ مَالَا يُحِبّ)

Ducada la aqristo markay dhacaan wax aan lagu farxin:

(Qadarullaahi wa maa shaa'a facal). (قَدَرُ اللَّهِ وَمَا شَاءَ فَعَلَ).

Waa Ilaahay qadarkiis, wuxuu doonana Ilaahay wuu sameeyaa.

## 48

### DUCADA QOFKA DHIBAATO KU DHACDO

(دُعَاءُ مَن أَصِيبَ بِمَصِيبَة)

Ducada uu aqrisanayo qofka ay dhib ama musiibo ku dhacdo:

(Innaa lillaahi wa innaa ilayhi raajicuun, allahumma'jurnii fii musiibatii wa'akhlif lii khayram-minhaa).

(إِنَّا لِلَّهِ وَإِنَّا إِلَيْهِ رَاجِعُونَ، اللَّهُمَّ أَجُرْنِي فِي مُصِيبَتِي، وَأَخْلِفْ لِي خَيْراً مِنْهَا).

Eebbe weyne ayaa na leh, xaggiisana u noqonaynaa. Eebboow dhibaatadan i qabsatay ajar iga sii, wax ka khayr badanna iigu beddel.

## 49

### DUCADA BOOQASHADA BUKAANKA

(دُعَاءُ زِيَارَةِ الْمَرِيض)

Ducada la aqriyo marka qofka jirran la booqdo:

1- (Laa ba'sa dhahuurun inshaa allaah).

١- (لَا بَأْسَ طَهُورٌ إِنْ شَاءَ اللَّهُ).

Dhib ma jiro, waa dembi-dhaaf Eebbe idinkii.

2- (As'alullaahal-cathiim rabbal-carshil-cathiimi an yashfiyak). Toddaba jeer.

٢- (أَسْأَلُ اللَّهَ الْعَظِيمَ رَبَّ الْعَرْشِ الْعَظِيمِ أَنْ يَشْفِيَكَ). سبع مرات.

Eebbaha weyn, Rabiga carshiga weyn iska leh, waxaan ka baryayaa inuu ku caafiyo.

## 50- DUCADA XANUUNADA XUN-XUN
(الدُّعَاءُ مِن سَيِّءٍ الأَسْقَام)

Ducooyinka laga aqristo xanuunada iyo jirrooyinka xun-xun:

(اللَّهُمَّ إِنِّي أَعُوذُ بِكَ مِنَ الْبَرَصِ وَالْجُنُونِ وَالْجُذَامِ وَمِن سَيِّئِ الأَسْقَامِ).

(Allaahumma innii acuuthu bika minal barasi, waljunuuni, waljuthaami, wamin sayi'il asqaam).

Eebboow waxaan kaa magan gelayaa baraska, waallida, juudaanka iyo xanuunnada xun-xun.

## 51
### DUCADA BUKAANKA QUUSTAY
(دُعَاءُ الْمَرِيضِ الَّذِي يَئِسَ مِن حَيَاتِه)

Ducada uu aqrisanayo qofka xanuunsan ee ka quustay nolosha:

(اللَّهُمَّ اغْفِرْ لِي، وَارْحَمْنِي، وَأَلْحِقْنِي بِالرَّفِيقِ الأَعْلَى).

(Allahummagh-fir lii, war xamnii, wa alxiqnii bir-rafiiqil-aclaa).

Rabiyoow ii dembi dhaaf, iina naxariiso, Ina haleelsii saaxiibka sare "Kuwa wanaagsan ee ay ka mid yihiin nebiyada, Run sheegyaasha, saalixiinta iyo kuwii shahiidey".

## 52
### DUCADA UQABASHADA SHAHAADADA QOFKA SAKARAADAYA
(تَلْقِينُ الْمُحْتَضَر)

Haddii aad la kulanto qof muslim ah oo ay naftu ka sii baxayso, waxaa sunno ah inaad qofkaa u laqinto (u qabato) ama ugu cel-celiso kalimadda tawxiidka:

(لَا إِلَهَ إِلَّا اللَّهِ).

(Laa ilaaha illallaah).

Ilaah xaq lagu caabudaa ma jiro Eebbe mooyee.

## DUCADA MEYDKA MARKA LAGU TUKANAYO

(الدُّعَاءُ لِلْمَيِّتِ فِي الصَّلَاةِ عَلَيْهِ)

Ducada la aqriyo marka lagu tukanayo meydka (Janaazada):

1- (اللَّهُمَّ اغْفِرْ لِحَيِّنَا وَمَيِّتِنَا، وَشَاهِدِنَا وَغَائِبِنَا، وَصَغِيرِنَا وَكَبِيرِنَا، وَذَكَرِنَا وَأُنْثَانَا. اللَّهُمَّ مَنْ أَحْيَيْتَهُ مِنَّا فَأَحْيِهِ عَلَى الْإِسْلَامِ، وَمَنْ تَوَفَّيْتَهُ مِنَّا فَتَوَفَّهُ عَلَى الْإِيمَانِ، اللَّهُمَّ لاَ تَحْرِمْنَا أَجْرَهُ، وَلاَ تُضِلَّنَا بَعْدَهُ).

(Allaahummagh-fir li xayyinaa wa mayyitinaa, wa shaahidinaa wa ghaa'ibinaa, wa saghiirinaa wa kabiirinaa, wa thakarinaa wa unthaanaa. Allaahumma man axyaytahu minnaa fa'axyihi calal Islaam, wa man tawaffaytahu minnaa fa tawaffahu calal iimaan, Allaahumma laa taxrimnaa ajrahu walaa tudillanaa bacdah).

Eebboow u dembi dhaaf keenna nool iyo keenna dhintay, keenna jooga iyo keenna maqan, keenna yar iyo keenna weyn, keenna lab iyo keenna dhaddig. Eebboow midkaad noolayso oo naga mid ah, ku noolee Islaamka, kaad oofsatana ku oofso iimaanka. Eebboow ha na seejin ajirkiisa, hana na baadiyayn gadaashiisa.

2- (اللَّهُمَّ عَبْدُكَ وَابْنُ أَمَتِكَ احْتَاجَ إِلَى رَحْمَتِكَ، وَأَنْتَ غَنِيٌّ عَنْ عَذَابِهِ، إِنْ كَانَ مُحْسِنًا فَزِدْ فِي حَسَنَاتِهِ، وَإِنْ كَانَ مُسِيئًا فَتَجَاوَزْ عَنْهُ).

(Allaahumma cabduk, wabnu amatika, ixtaaja ilaa raxmatika, wa anta ghaniyun can cathaabih, in kaana muxsinan fazid fii xasanaatih, wa in kaana musii'an fa tajaawaz canhu).

Rabiyoow waa addoonkaagii iyo inankii addoontaada, wuxuu u baahan yahay naxariistaada, adiguna waad ka maarantaa cadaabiddiisa. Haddii uu wanaag sameeyey Eebbow u kordhi wanaaggiisa, haddiise uu xumaan sameeyey Eebboow ka cafi oo u dembi dhaaf.

٣- (اللَّهُمَّ اغْفِرْ لَهُ وَارْحَمْهُ، وَعَافِهِ، وَاعْفُ عَنْهُ، وَأَكْرِمْ نُزُلَهُ، وَوَسِّعْ مُدْخَلَهُ، وَاغْسِلْهُ بِالْمَاءِ وَالثَّلْجِ وَالْبَرَدِ، وَنَقِّهِ مِنَ الْخَطَايَا كَمَا يُنَقَّى الثَّوْبُ الْأَبْيَضُ مِنَ الدَّنَسِ، وَأَبْدِلْهُ دَاراً خَيْراً مِنْ دَارِهِ، وَأَهْلاً خَيْراً مِنْ أَهْلِهِ، وَزَوْجاً خَيْراً مِنْ زَوْجِهِ، وَأَدْخِلْهُ الْجَنَّةَ، وَأَعِذْهُ مِنْ عَذَابِ الْقَبْرِ وَعَذَابِ النَّارِ).

(Allaahum-magh-fir lahu warxamhu, wa caafihi wacfu canhu, wa akrim nuzulah, wa wassic mud-khalah, waghsilhu bilmaa'i wath-thalji wal-barad, wanaqqihi minal-khad-haayaa kamaa yunaqqath-thaw-bul-abyadu minad-danas, wa ab-dilhu daaran khayran min daarih, wa ahlan khayran min ahlih, wa zawjan khayran min zawjih, wa ad-khilhul-jannata, wa acith-hu min cathaabil-qabri wa cathaabin-naar).

Eebboow u dembi dhaaf una naxariiso (yacnii maydka) Eebboow caafi oo iska cafi, deegaankiisa wanaaji, una waasici meesha uu gelayo. Eebboow dembiyada uu galay ku mayr biyo, baraf iyo qabow. Kana nadiifi dambiyada sida marada cad wasakhda looga nadiifiyo. Eebboow daartiisa mid ka khayr badan ugu beddel, ehelkiisana kuwa ka khayr badan ugu beddel. Eebboow xaaskiisa mid ka khayr badan sii. Eebboow geli jannada, kana bad-baadi cadaabka qabriga "xabaasha" iyo cadaabka naartaba.

### 54
### DUCADA MARKA MEYDKA XABAASHA AMA QABRIGA LA GELINAYO
الدُّعَاءُ عِنْدَ إِدْخَالِ الْمَيِّتِ فِي الْقَبْرِ

(Bismillahi wa calaa sunnati rasuu-lillaah).
(بِسْمِ اللَّهِ وَعَلَى سُنَّةِ رَسُولِ اللَّهِ).

Magaca Eebbe iyo sunnadii/jidkii Rasuulkiisa ayaan ku gelinaynaa qabriga.

### 55
### DUCADA AASIDDA MEYDKA KADDIB
(الدُّعَاءُ بَعْدَ الدَّفْنِ الْمَيِّتِ)

Ducada la aqriyo marka maydka la duugo kaddib:

(Allaahummagh-fir lahu, Allahumma thabbit'hu).
(اللَّهُمَّ اغْفِرْ لَهُ، اللَّهُمَّ ثَبِّتْهُ).

Eebbow u dembi dhaaf; Eebbow xaqa ku sug.

## 56

### DUCADA LOOGU TACSIYEEYO EHELKA MEYDKA
(الدُّعَاءُ فِي تَعْزِيَةِ أَهْلِ الْمُتَوَفَّ)

Ducada la aqriyo marka dadka laga dhinto loo tacsiyaynayo:

١- (إِنَّ لِلَّهِ مَا أَخَذَ، وَلَهُ مَا أَعْطَى، وَكُلُّ شَيْءٍ عِنْدَهُ بِأَجَلٍ مُسَمًّى ... فَلْتَصْبِرْ وَلْتَحْتَسِبْ).

(Inna lillaahi maa akhatha wa lahu maa acdhaa, wa kullu shay'in cindahu bi'ajalim- musammaa, fal-tasbir wal-taxtasib).

(Eebbe isaga ayaa leh wuxuu qaatay iyo wuxuu bixiyeyba, wax kastana agtiisa waqti magacaaban oo go'an ayuu leeyahay. Haddaba, iska sabir oo ajar xisaabso).

٢- (أَعْظَمَ اللَّهُ أَجْرَكَ، وَأَحْسَنَ عَزَاءَكَ، وَغَفَرَ لِمَيِّتِكَ).

(Acthamallaahu ajraka, wa axsana cazaa'ak, wa ghafara li mayyitik).

Eebbe ajarkaaga ha weyneeyo, samirkaagana ha wanaajiyo, hana u dembi dhaafo marxuumka kaa baxay.

## 57

### DUCADA BOOQASHADA XABAALAHA
(دُعَاءُ زِيَارَةِ الْقُبُورِ)

Ducada la aqriyo marka xabaalaha la booqdo:

(السَّلَامُ عَلَيْكُمْ أَهْلَ الدِّيَارِ، مِنَ الْمُؤْمِنِينَ وَالْمُسْلِمِينَ، وَإِنَّا إِنْ شَاءَ اللَّهُ بِكُمْ لَاحِقُونَ، وَيَرْحَمُ اللَّهُ الْمُسْتَقْدِمِينَ مِنَّا وَالْمُسْتَأْخِرِينَ. أَسْأَلُ اللَّهَ لَنَا وَلَكُمُ الْعَافِيَةَ).

(As-salaamu calaykum ahlad-diyaar, minal mu'miniina wal muslimiin, wa innaa inshaa allaahu bikum laaxiquun, wa yarxamullaahul-mus-taqdimiina minnaa walmusta'khi-riin, as'alullaaha lanaa wa lakumul caafiyah).

Nabad galyo korkiinna ha ahaato dadka xabaalahan deggan ee Mu'miniinta iyo muslimiinta ahoow, annaguna Eebbe idankiisa waa idinku daba jirnaa. Eebbe ha u naxariisto kuweenna hore iyo kuweenna danbeba. Eebbe weyne waxaan inoo weydiinayaa annaga iyo idinkaba inuu janno ina siiyo, cadaabkana inaga ilaaliyo.

## 58

### U HAMBALYAYNTA WAALIDKA ILMO UDHASHEEN
(تَهْنِئَةُ الْوَالِدِ لِلْمَوْلُودِ الْجَدِيدِ)

Ducada la aqriyo marka loo hambalyaynayo qof ilme u dhashay:

| | |
|---|---|
| (Baarakallaahu laka fil mawhuub, wa shakartal waahib, wa balagha ashuddah, wa ruziqta birrah). | (بَارَكَ اللَّهُ لَكَ فِي الْمَوْهُوبِ، وَشَكَرْتَ الْوَاهِبَ، وَبَلَغَ أَشُدَّهُ، وَرُزِقْتَ بِرَّهُ). |

Ilaahay ha kuu barakeeyo ilmahan laguu hibeeyay, adigana Eebbe ha kaa yeelo mid ku shukriya nimcadaas, ilmahana Eebbe ha ka dhigo mid hana qaada oo baarri ah.

Waalidka ilmaha dhashay loogu hambalyeeyo, waxa uu ku jawaabayaa sidan hoos ku qoran:

| | |
|---|---|
| (Baarakallaahu laka wa baaraka calayk, wa jazaakallaahu khayran, wa razaqakal-laahu mithlahu wa ajzala thawaabak). | (بَارَكَ اللَّهُ لَكَ وَبَارَكَ عَلَيْكَ، وَجَزَاكَ اللَّهُ خَيْرًا، وَرَزَقَكَ اللَّهُ مِثْلَهُ، وَأَجْزَلَ ثَوَابَكَ). |

(Eebbe hakuu barakeeyo, hana ku barakeeyo. Adigana sidoo kale, mid la mid ah ha ku siiyo, hana weyneeyo ajarkaaga).

## 59

### DUCADA XIRSI XIRKA ( SHAYDAAN KA XIJAABIDA ILMAHA YAR)
(مَا يُعَوَّذُ بِهِ الْأَوْلَادُ)

Ducada la aqriyo marka ilmaha ama carruurta shaydaanka laga xijaabayo: Rasuulku s.c.w. wuxuu shaydaanka ka xijaabi jirey wiilasha uu awoowaha u ahaa Xasan iyo Xuseen, wuxuuna oran jirey:

| | |
|---|---|
| (Uciithukumaa bi kalimaa-tillaahit-taammaati min kulli shaydhaanin wa haammah, wa min kulli caynil- laammah). | (كَانَ رَسُولُ اللَّهِ - صلى الله عليه وسلم - يُعَوِّذُ الْحَسَنَ وَالْحُسَيْنَ: "أُعِيذُكُمَا بِكَلِمَاتِ اللَّهِ التَّامَّةِ مِنْ كُلِّ شَيْطَانٍ وَهَامَّةٍ، وَمِنْ كُلِّ عَيْنٍ لَامَّةٍ"). |

Waxaan idin magan gelinayaa kalmadaha Eebbe ee dhamayska-tiran inuu idinka ilaaliyo shaydaan iyo halaq "xamaaratada sunta leh", iyo il kasta oo wax cawrida "ilaysata ama dhabata".

## 60
### DUCADA BILLOOWGA CUNTADA LA AQRIYO
(الدُّعَاءُ قَبْلَ الطَّعَامِ)

Ducada cuntada ka hor la aqriyo:

(Bismillaah). (بِسْمِ اللَّهِ)

Magaca Eebbe ayaan ku bilaabayaa.

Haddii uu bilawga cuntada hilmaamo inuu bisinka akhriyo wuxu oranayaa:

(Bismillaah fii awalihi wa'aakhirih). (بسم اللَّهِ في أَوَّلِهِ وَآخِرِهِ)

Magaca Eebbe ayaan ku bilaabayaa billoow iyo dhammaadba.

Sidoo kale ducadan hoos ku qoranna qofku wuu aqrisan karaa markuu cuntada bilaabayo:

(Allahumma baarik lanaa fiih, wa adhcimnaa khayran minhu). (اللَّهُمَّ بَارِكْ لَنَا فِيهِ وَأَطْعِمْنَا خَيْراً مِنْهُ).

Eebboow noo barakee, naguna quudi mid ka wanaagsan.

## 61
### DUCADA MARKA CUNTADA LA DHAMEEYO
(الدُّعَاءُ عِنْدَ الفَرَاغِ مِنَ الطَّعَامِ)

Ducada la aqriyo marka cuntada la dhammaysto:

(Alxamdu lillaahil-ladii adhcamanii haadaa, warazaqaniihi min ghayri xawlin minnii walaa quwwah). (الْحَمْدُ لِلَّهِ الَّذِي أَطْعَمَنِي هَذَا، وَرَزَقَنِيهِ، مِنْ غَيْرِ حَوْلٍ مِنِّي وَلاَ قُوَّةٍ).

Eebbe ayaa ku mahadsan i siiyey cuntadan, iguna irzaaqay aniga oo aan xoog iyo xeelad midna ku keenin.

### 62

**DUCADA MARKI LA ARKO MIRAHA QAYBTA USOO HOR BAXDA.**

(الدُّعَاءُ عِنْدَ رُؤْيَةِ بَاكُورَةِ الثَّمَرِ)

Ducada la aqristo marka ay soo baxaan miraha ugu horreeya ee geedka ama beerta:

(Allahumma baarik lanaa fii thamarinaa, wa baarik lanaa fii madiinatinaa, wa baarik lanaa fii saacinaa, wa baarik lanaa fii muddinaa).

(اللَّهُمَّ بَارِكْ لَنَا فِي ثَمَرِنَا، وَبَارِكْ لَنَا فِي مَدِينَتِنَا، وَبَارِكْ لَنَا فِي صَاعِنَا، وَبَارِكْ لَنَا فِي مُدِّنَا).

Ilaahayoow noo barakee miraheenna, oo noo barakee magaaladeenna, oo noo barakee Saaceenna (Suuska ama halbeega), oo noo barakee mudkeenna (saaca rubiciisa).

### 63

**DUCADA MARTI GELINTA**

(دُعَاءُ الضَّيْفِ لِلْمُضِيفِ)

Ducada qofka martida ahi ugu ducaynayo qofkii marti geliyey:

١- (اللَّهُمَّ بَارِكْ لَهُمْ فِيمَا رَزَقْتَهُمْ، وَاغْفِرْ لَهُمْ وَارْحَمْهُمْ).

(Allaahumma baarik lahum fii maa razaqtahum, waghfir lahum, warxam-hum).

Eebboow u barakee waxaad siisay ee rizqi ah (dheef ah), una dembi dhaaf oo u naxariiso.

### 64

**DUCADA AFURKA**

(الدُّعَاءُ عِنْدَ إِفْطَارِ الصَّائِمِ)

Ducada uu ku ducaysanayo markuu qofku afurayo:

٢- (ذَهَبَ الظَّمَأُ وَابْتَلَّتِ الْعُرُوقُ، وَثَبَتَ الْأَجْرُ إِنْ شَاءَ اللَّهُ).

(Dahabath-thama'u, wab-tallat-til-curuuqu, wa thabatal-ajru inshaa Allaah).

Oonkii wuu tegey, xididdadiina wey qoyeen, ajirkiina wuu sugnaaday inshaa Allaah.

(Allaahumma innii as'aluka bi rax-matikal-latii wa sicat kulla shay'in an taghfira lii).

٣- (اللَّهُمَّ إِنِّي أَسْأَلُكَ بِرَحْمَتِكَ الَّتِي وَسِعَتْ كُلَّ شَيْءٍ أَنْ تَغْفِرَ لِي).

(Eebbow waxaan ku weydiisanayaa naxariistaada badan, ee wax kasta deeqday darteed inaad iigu dembi dhaafto).

## 65
## DUCADA MARKII GURI KALE LAGA AFURO

الدُّعَاءُ إِذَا أَفْطَرَ فِي بَيْتٍ غَيْرَ بَيْتِهِ

Ducada uu aqrinayo marka uu qofku isagoo soomanaa ka afuro guri kale oo aan kiisa ahayn:

(Afdhara cindakumus-saa'imuun, wa akala dhacaamakumul-abraar, wa sallat calaykumul-malaa'ikah).

(أَفْطَرَ عِنْدَكُمُ الصَّائِمُونَ، وَأَكَلَ طَعَامَكُمُ الْأَبْرَارُ، وَصَلَّتْ عَلَيْكُمُ الْمَلَائِكَةُ).

Dadka soommani ha idin la afureen, dadka wanaagsanina cuntadiinna ha cuneen, malaa'igtuna ha idiin ducayso.

## 66
## DUCADA HINDHISADA

(دُعَاءُ الْعَطَاسِ)

Ducooyinka la aqristo marka la hindhiso:
A: Qofku markuu hindhiso waa inuu yiraahdo:

(Alxamdulillaah).

(الْحَمْدُ لِلَّهِ)

Eebbe ayaa mahad iska leh.

B: Qofkii maqla mahad-celintaas uu qofka hindhisay yiri waa inuu yiraahdo:

(Yarxamukallaah).

(يَرْحَمُكَ اللَّهُ)

Eebbe ha kuu naxariisto.

C: Mar kale ayuu qofkii hindhisay oranayaa:

(Yahdiiku-mullaahu wa yuslixu baalakum).

(يَهْدِيكُمُ اللَّهُ وَيُصْلِحُ بَالَكُمْ).

**Eebbe ha idin hanuuniyo, hana hagaajiyo arrimihiina.**

### 67
## DUCADA CARADA
(دُعَاءُ الْغَضَبِ)

Ducada qofka carooda ku ducaysanayo:

(Acuuthu billaahi minash-shay-dhaanir-rajiim)

(أَعُوذُ بِاللَّهِ مِنَ الشَّيْطَانِ الرَّجِيمِ)

**Eebbe ayaan ka magan galay shaydaanka la fogeeyey.**

### 68
## DUCADA QOFKII ARKA QOF LA IBTILEEYAY
(دُعَاءُ مَن رَأَى مُبْتَلِى)

Qofkii arka qof kale oo la ibtileeyey oo dhib ku dhacay wuxuu ku ducaysanayaa:

(Alxamdu lillaahil-lathii caafaanii mim-mabtalaaka bih, wa fad-dalanii calaa kathiirim mim-man khalaqa tafdiilaa).

(الْحَمْدُ لِلَّهِ الَّذِي عَافَانِي مِمَّا ابْتَلَاكَ بِهِ، وَفَضَّلَنِي عَلَى كَثِيرٍ مِمَّنْ خَلَقَ تَفْضِيلًا).

**Waxaa mahad leh Eebbihii iga caafiyey waxa uu kugu ibtileeyay, igana doortay (fadilay) kuwo badan oo uun kiisa ka mid ah.**

### 69
## DUCADA FADHIGA DHAMAADKIISA
(كَفَّارَةُ الْمَجْلِسِ)

Marka meel lagu sheekaystay lagu kala tegayo ducadan hoose ayaa la aqristaa:

(Subxaanakal-laahumma wa bi xamdik, ash-hadu allaa ilaaha illaa anta, astaghfiruka wa atuubu ilayk)

(سُبْحَانَكَ اللَّهُمَّ وَبِحَمْدِكَ، أَشْهَدُ أَنْ لاَ إِلَهَ إِلاَّ أَنْتَ، أَسْتَغْفِرُكَ وَأَتُوبُ إِلَيْكَ).

Allahayoow xumaan oo dhan waad ka hufan tahay, mahadna adigaa leh, waxaan qirayaa in uusan jirin Ilaah xaq lagu caabudo adiga mooyee, dambi dhaaf ayaan ku weydiisanayaa, waana kuu toobad keenayaa.

### 70
## DUCADA QOFKA ABAAL WANAAGSAN KUU GALA
(الدُّعَاءُ لِمَنْ صَنَعَ إِلَيْكَ مَعْرُوفًا)

Ducada loogu duceeyo qofkii wanaag kuu sameeya:

(Jazaakallaahu khayran).

(جَزَاكَ اللَّهُ خَيْرًا).

Eebbe khayr ha kugu abaalmariyo.

### 71
## DUCADA QOFKII KU YIRAAHDA "ALLAHA KUU DENBI DHAAFO"
(الدُّعَاءُ لِمَنْ قَالَ غَفَرَ اللَّهُ لَكَ)

Qofkii ku yiraaha Allaha kuu danbi dhaafo waxaad ugu jawaabaysaa:

(Wa lak).

(وَلَكَ).

Adigana sidoo kale "Alle ha kuu dambi dhaafo".

### 72
## DUCADA QOFKA KUGU YIRAAHDA "ALLAHA KU BARAKEEYO"
(الدُّعَاءُ لِمَنْ قَالَ بَارَكَ اللَّهُ فِيكَ)

Qofkii kuugu duceeya Allaha ku barakeeyo waxaad waxaad ugu jawaabaysaa:

(Wafiika baarakallaah).

(وَفِيكَ بَارَكَ اللَّهُ).

Adigana Alle ha ku barakeeyo.

## 73

### DUCADA QOFKA KUU SOO BANDHIGEY HANTIDIISA

(الدُّعَاءُ لِمَنْ عَرَضَ عَلَيْكَ مَالَهُ)

Ducada loogu jawaabo qofka kuu soo bandhiga inuu maalkiisa wax kaa siiyo:

| (Baarakallahu laka fii ahlika wa maalik). | (بَارَكَ اللَّهُ لَكَ فِي أَهْلِكَ وَمَالِكَ). |
|---|---|

Eebbe ha kuu barakeeyo hantidaada iyo qoyskaaga.

## 74

### DUCADA AROOSKA ( QOFKA GUURSADA)

(الدُّعَاءُ لِلْمُتَزَوِّج)

Ducada loogu duceeyo qofka guursaday:

| (Baarakallahu laka, wa baaraka caleyka, wa jamaca baynakumaa fii khayr). | (بَارَكَ اللَّهُ لَكَ، وَبَارَكَ عَلَيْكَ، وَجَمَعَ بَيْنَكُمَا فِي خَيْرٍ). |
|---|---|

Eebbe ha kuu barakeeyo, adigana ha ku barakeeyo, khayrna ha idinku kulmiyo.

## 75

### DUCADA QOFKA GUURSADAY IYO KAN GAADIIDKA GATAY

((دُعَاءُ الْمُتَزَوِّجِ وَشِرَاءِ الدَّابَّةِ))

Qofka guursada ama gaadiid cusub soo gata, wuxuu ku ducaysanayaa ducada hoos ku xusan:

| (Allahumma innii as'aluka khayrahaa, wa khayra maa jabal-tahaa calayhi, wa acuudu bika min sharrihaa, wa sharri maa jabal-tahaa calayhi). | (اللَّهُمَّ إِنِّي أَسْأَلُكَ خَيْرَهَا، وَخَيْرَ مَا جَبَلْتَهَا عَلَيْهِ، وَأَعُوذُ بِكَ مِنْ شَرِّهَا، وَشَرِّ مَا جَبَلْتَهَا عَلَيْهِ). |
|---|---|

Eebboow waxaan ku weydiistay khayrkeeda, iyo khayrka aad ku abuurtay, waxaanan kaa magan galay sharkeeda, iyo sharka aad ku abuurtay.

## DUCADA LA SEEXASHADA XAASKA

(الدُّعَاءُ قَبْلَ إِتْيَانِ الزَّوْجَةِ)

Ducada inta aan xaaska loo galmoon la aqristo:

| (Bismillaahi, Allahumma jannibnash-sheydhaana, wa jannibish-sheydhaana maa razaqtanaa). | (بِسْمِ اللَّهِ، اللَّهُمَّ جَنِّبْنَا الشَّيْطَانَ، وَجَنِّبِ الشَّيْطَانَ مَا رَزَقْتَنَا). |

**Magaca Eebbe Ayaan ku bilaabaynaa. Eebboow naga fogee sheydaanka, sidoo kale ka fogee wixii aad na siiso oo ubad ah.**

## DUCADA SAFARKA

(دُعَاءُ السَّفَرِ)

Ducada la aqristo marka safarka la aadayo:

| (Allaahu akbar, Allaahu akbar, Allaahu akbar. Subxaanal-lathii sakh-khara lanaa haathaa wa maa kunnaa lahuu muqriniin, wa innaa ilaa rabbinaa lamun-qalibuun. Allahumma innaa nas'aluka fii safarinaa haathal-birra wattaqwaa, wa minal camali maa tardaa, Allahumma hawwin caleynaa safaranaa haathaa wadhwi cannaa bucdah, Allahumma antas-saaxibu fis-safar, wal-khaliifatu fil ahli. Allahumma innii acuuthu bika min wacthaa'is-safar, wa ka'aabatil manthar, wa suu'il-munqalibi fil maali wal ahli). | ١- (اللَّهُ أَكْبَرُ، اللَّهُ أَكْبَرُ، اللَّهُ أَكْبَرُ، سُبْحَانَ الَّذِي سَخَّرَ لَنَا هَذَا وَمَا كُنَّا لَهُ مُقْرِنِينَ ۞ وَإِنَّا إِلَى رَبِّنَا لَمُنْقَلِبُونَ). اللَّهُمَّ إِنَّا نَسْأَلُكَ فِي سَفَرِنَا هَذَا الْبِرَّ وَالتَّقْوَى، وَمِنَ الْعَمَلِ مَا تَرْضَى، اللَّهُمَّ هَوِّنْ عَلَيْنَا سَفَرَنَا هَذَا وَاطْوِ عَنَّا بُعْدَهُ، اللَّهُمَّ أَنْتَ الصَّاحِبُ فِي السَّفَرِ، وَالْخَلِيفَةُ فِي الْأَهْلِ، اللَّهُمَّ إِنِّي أَعُوذُ بِكَ مِنْ وَعْثَاءِ السَّفَرِ، وَكَآبَةِ الْمَنْظَرِ، وَسُوءِ الْمُنْقَلَبِ فِي الْمَالِ وَالْأَهْلِ). |

**Eebboow adaa weyn.. Eebboow adaa weyn.. Eebbow adaa weyn. Eebbihii safarkaan noo fududdeeyay ayaa xumaanta oo dhan ka hufan, xaggiisa ayaanan u laaban doonnaa. Eebboow waxaan kaa baryaynaa intaan safarkan ku jirno wanaag iyo dhawrsoonaan, iyo hawl aad raalli ka tahay. Eebboow safarka nooga dhig mid sahlan oo noo soo gaabi fogaantiisa. Eebboow adigaa wehelkii safarka noo ah, ehelkiina adigaan kugu ognahay. Eebboow waxaan kaa magan galay dhibaatada safarka, xaalka oo xumaada iyo is-beddel xun oo ku dhaca qoyska iyo hantida.**

FG: Ka soo gadoonka safarka ama ka soo laabashadiisa, qofku wuxuu ducadii hore ku darayaa qaybta hoos ku xusan:

(Aayibuuna, taa'ibuuna, caabiduuna, li Rabbinaa xaamiduun).

٢- (آيِبُون، تائِبُونَ، عَابِدُونَ، لِرَبِّنَا حَامِدُونَ)

Waan soo laabanay, toobad keenay, soo cibaadeysanay, Eebbana umahad celinaynaa.

## 78

### DUCADA MUSAAFIRKU UGU DUCAYNAYO QOFKA NEGI
(دُعَاءُ الْمُسَافِرِ لِلْمُقِيمِ)

Ducada uu qofka safraya ugu ducaynayo dadka uu ka tegayo:

(Astawdicukumul-laahul-lathii laa tadiicu wadaa'icuh).

(أَسْتَوْدِعُكُمُ اللَّهَ الَّذِي لاَ تَضِيعُ وَدَائِعُهُ).

Waxaan idinkaga tagay oo idinku amaanaynayaa Eebbe, oo ah mid aan dayicin wixii loo dhiibto, amaanadiisuna aysan lumin.

## 79

### DUCADA QOFKA NEGI UGU DUCAYNAYO KAN SAFRAYA
(دُعَاءُ الْمُقِيمِ لِلْمُسَافِرِ)

Ducada Qofka degan uu ugu ducaynayo kan safarka gelaya:

(Astawdicul-laaha diinaka, wa amaanatak, wa khawaatiima camalik).

١- (أَسْتَوْدِعُ اللَّهَ دِينَكَ، وَأَمَانَتَكَ، وَخَوَاتِيمَ عَمَلِكَ).

Eebbe Ayaan kaaga tegey adiga iyo diintaada, amaanadaada iyo khaatimada camalkaaga.

(Zawadakal-laahut-taqwaa, waghafara thanbak, wayas-sara lakal-kheyra xeythu-maa kunt).

٢- (زَوَّدَكَ اللَّهُ التَّقْوَى، وَغَفَرَ ذَنْبَكَ، وَيَسَّرَ لَكَ الْخَيْرَ حَيْثُ مَا كُنْتَ).

Eebbe ha kuu siyaadiyo cabsidiisa, ha kuu dhaafo dembigaaga, hana kuu fududeeyo khayrka meel kastood joogto.

## 80

### DUCADA GALIDDA MAGAALADA

(دُعَاءُ دُخُولِ الْقَرْيَةِ أَوِ البَلدَةِ)

Ducada lagu ducaysto marka tuulo ama magaalo la gelayo:

(اللَّهُمَّ رَبَّ السَّمَوَاتِ السَّبْعِ وَمَا أَظْلَلْنَ، وَرَبَّ الْأَرَضِينَ السَّبْعِ وَمَا أَقْلَلْنَ، وَرَبَّ الشَّيَاطِينِ وَمَا أَضْلَلْنَ، وَرَبَّ الرِّيَاحِ وَمَا ذَرَيْنَ، أَسْأَلُكَ خَيْرَ هَذِهِ الْقَرْيَةِ، وَخَيْرَ أَهْلِهَا، وَخَيْرَ مَا فِيهَا، وَأَعُوذُ بِكَ مِنْ شَرِّهَا، وَشَرِّ أَهْلِهَا، وَشَرِّ مَا فِيهَا).

(Allaahumma Rabbas-samaawaa-tis-sabci wamaa ath-lalna, wa Rabbal aradiinas-sabci wamaa aqlalna, wa Rabbash-shayaadhiini wa maa ad-lalna, wa Rabar-riyaaxi wa maa tharayn, as'aluka khayra haathihil-qaryah, wa khayra ahlihaa, wa khayra maa fiihaa, wa acuuthu bika min sharrihaa, wa sharri ahlihaa, wa shari maa fiihaa).

Eebbaha todobada cir iyo waxa ku dhex jira iska lahoow.. Eebbaha todobada dhul iyo waxay sidaanba iska lahoow.. Eebbaha shayaadi-inta iyo waxay baadiyeeyeenba lahaayoow.. Eebbaha dabaysha iyo waxay kala haadiso (kiciso) lahaayoow; waxaan ku weydiisanayaa magaaladaan khayrkeeda, khayrka dadkeeda iyo wixii khayr ah ee ku dhex jira, waxaanan kaa magan gelayaa sharkeeda, sharka dadkeeda iyo wixii shar ah ee ku dhex jira.

## 81

### DUCADA MARKII MEEL LA DAGO

(الدُّعَاءُ إِذَا نَزَلَ مَنْزِلًا فِي السَّفَرِ أَوْ غَيْرِه)

Ducada lagu ducaysto marka meel la dego, safar ama iyo nagaadiba:

(أَعُوذُ بِكَلِمَاتِ اللَّهِ التَّامَّاتِ مِنْ شَرِّ مَا خَلَقَ).

(Acuuthu bi kalimaatil-laahit-taam-maati min sharri maa khalaq).

(Waxaan magan galayaa kalmadaha Eebbe ee dhammayska-tiran, sharka waxa uu abuuray ayaan ka magan galayaa).

## 82

### DUCADA GALIDDA SUUQA

(دُعَاءُ دُخُولِ السُّوقِ)

Ducada lagu ducaysto marka suuqa la gelayo:

(لاَ إِلَهَ إِلاَّ اللّٰهُ وَحْدَهُ لاَ شَرِيكَ لَهُ، لَهُ الْمُلْكُ، وَلَهُ الْحَمْدُ، يُحْيِي وَيُمِيتُ، وَهُوَ حَيٌّ لاَ يَمُوتُ، بِيَدِهِ الْخَيْرُ، وَهُوَ عَلَى كُلِّ شَيْءٍ قَدِيرٌ).

(Laa ilaaha illallaahu waxdahu laa shariika lah, lahul mulku, wa lahul xamdu, yuxyii wa yumiitu, wa huwa xayyun laa yamuutu, biyadihil khayru, wahuwa calaa kulli shay'in qadiir).

Ilaah xaq lagu caabudo ma jiro Allaah mooyee, cid wax la wadaagtaana ma jirto, waana Eebbaha Mulkigaa iska leh, mudanna in la mahadiyo. Waa Eebbaha wax nooleeya waxna dila, waa Eebbaha nool ee aan dhimaneynin, khayrku gacantiisa ku jiro, waana Eebbaha wax kasta awooda.

## 83

### MAHAD CELINTA (الشُّكْرُ)

Markuu Eebbe qofka siiyo wax uu ku farxo, Ducadan hoose ayuu ku ducaysan:

(الْحَمْدُ لِلّٰهِ الَّذِي بِنِعْمَتِهِ تَتِمُّ الصَّالِحَاتُ).

(Alxamdu lilaahil-lathii bi nicmatihi tatimmus-saalixaat).

Mahad oo dhan waxaa iska leh Eebbaha nimcadiisa wanaag kastaa ku buuxsamo ama ku dhamaystirmo.

FG: Wuxuu kaloo qofku sujuudi karaa sujuudda loo yaqaanno "sujuudda shukriga". Sidaas ayuuna Nebigeegannu (s.c.w) samayn jirey markii Eebbe wax uu ku farxo siiyo.

## 84

### DUCADA HADDII WAX AAD DHIBSATO KUGU YIMADAAN

(مَا يَقُولُ مَنْ أَتَاهُ أَمْرٌ يَكْرَهُهُ)

Ducada uu aqrisanayo haddii ay qofka ku timaaddo arrin uu dhibsado:

(الْحَمْدُ لِلَّهِ عَلَى كُلِّ حَالٍ). (Alxamdu lillaahi calaa kulli xaal).

Xaalad walba oo jirta Eeebbaha weyn ayaa mahad iska leh.

## 85

**HADDII LA MAQLO QEYLADA DIIQA IYO QAAQDA DAMEERKA**

(سِمَاعُ صِيَاحِ الدِّيْكِ وَنَهِيقِ الْحِمَارِ)

Maxaa la sameynayaa marka la maqlo qeylada diiqa iyo qaaqda ama danaaniga "cida" dameerka?

(إِذَا سَمِعْتُمْ صِيَاحَ الدِّيَكَةِ فَاسْأَلُوا اللَّهَ مِنْ فَضْلِهِ؛ فَإِنَّهَا رَأَتْ مَلَكاً وَإِذَا سَمِعْتُمْ نَهِيقَ الْحِمَارِ فَتَعَوَّذُوا بِاللَّهِ مِنَ الشَّيْطَانِ؛ فَإِنَّهُ رَأَى شَيْطَاناً).

Waxa uu yiri rasuulku s.c.w (Haddaad maqashaan qaylada diiqa, Eeebbihiin barya oo fadligiisa wax ku waydiista, maxaa yeelay diiqu wuxuu arkaa malak; hadaadse maqashaan qaaqda/danaaniga dameerka, Eebbe ka magan gala shaydaanka; maxaa yeelay dameerku waxuu arkaa shaydaan).

## 86

**DUCADA MARKA LA MAQLO CIDA EEYAHA IYO DAMEERAHA HABEENKII.**

(نِبَاحُ الْكِلَابِ وَالْحَمِيرِ بِاللَّيْلِ)

Adkaarta la aqrinayo haddii habeenkii la maqlo qaylada Eeyaha iyo cida Dameeraha:

(إِذَا سَمِعْتُمْ نِبَاحَ الْكِلَابِ وَنَهِيقَ الْحَمِيرِ بِاللَّيْلِ فَتَعَوَّذُوا بِاللَّهِ مِنْهُنَّ؛ فَإِنَّهُنَّ يَرَيْنَ مَا لَا تَرَوْنَ).

Hadaad habeenkii maqashaan qaylada eeyaha iyo dameeraha, Eebbe ka magan gala; waayo waxay arkaan waxaydaan arkayn.

## 87

**DUCADA QOFKA JIRKIISA XANUUN KA DAREEMA**

(مَا يَقُولُ مَن أَحَسَّ وَجَعًا فِي جَسَدِهِ)

Haddii uu qofku jirkiisa xanuun ka dareemo wuxuu samaynayaa:
1. Gacanta ayuu saarayaa meesha xanuunaysa, wuxuuna oranayaa (Bismillaah). Saddex mar. (بِسْمِ اللَّهِ)
2. Toddobo marna wuxuu oranayaa ducadan hoose:

| (Acuuthu billaahi wa qudratihi min sharri maa ajidu wa uxaadir). | (أَعُوذُ بِاللَّهِ وَقُدْرَتِهِ مِنْ شَرِّ مَا أَجِدُ وَأُحَاذِرُ). |
|---|---|

Eebbahay awooddiisaan ka magan gelayaa dhibka aan dareemayo iyo waxaan ka baqayo.

## 88

**DUCADA MARKA XOOLAHA LA GOWRACAYO**

(مَا يَقُولُ عِنْدَ الذَّبْحِ أَو النَّحْرِ)

Adkaarta la aqristo marka neefka la gawracayo:

| (Bismillaahi wallaahu akbar. Allaahumma minka walaka, Allaahumma taqabbal minnii). | (بِسْمِ اللَّهِ وَاللَّهُ أَكْبَرُ، اللَّهُمَّ مِنْكَ وَلَكَ، اللَّهُمَّ تَقَبَّلْ مِنِّي). |
|---|---|

(Magaca Eebbaha weyn ayaan ku gawracayaa, Eebboow adigaa leh adigaanan kuu gawracay. Eebboow iga aqbal).

## 89

**DUCADA DABAYSHA**

(دُعَاءُ الرِّيَاحِ)

Ducada la aqristo markay dabayli dhacayso:

| (Allaahumma innii as'aluka khayrahaa, wa acuuthu bika min sharrihaa). | ١- (اللَّهُمَّ إِنِّي أَسْأَلُكَ خَيْرَهَا، وَأَعُوذُ بِكَ مِنْ شَرِّهَا). |
|---|---|

Eebboow dabayshan khayrkeeda ayaan ku waydiistay, sharkeedana waan kaa magan galay.

| | |
|---|---|
| (Allaahumma innii as'aluka khayrahaa, wa khayra maa fiihaa, wa khayra maa ursilat bih, wa acuuthu bika min sharrihaa, wa sharri maa fiihaa, washarri maa ursalat bih). | ٢- (اللَّهُمَّ إِنِّي أَسْأَلُكَ خَيْرَهَا، وَخَيْرَ مَا فِيهَا، وَخَيْرَ مَا أُرْسِلَتْ بِهِ، وَأَعُوذُ بِكَ مِنْ شَرِّهَا، وَشَرِّ مَا فِيهَا، وَشَرِّ مَا أُرْسِلَتْ بِهِ). |

**Allahayoow waxaan ku weydiistay dabayshan khayrkeeda, khayrka ku dhex jira iyo iyo khayrka loo soo diray, waxaanan kaa magan gelayaa sharkeeda, sharka ku dhex jirta iyo sharka loo soo dirayba.**

## 90
### DUCADA ONKODKA
(دُعَاءُ الرَّعْد)

Ducada onkodka laga aqristo:

| | |
|---|---|
| (Subxaanal-lathii yusabixur-racdu bi xamdihi, wal malaa'ikatu min khiifatih). | (سُبْحَانَ الَّذِي يُسَبِّحُ الرَّعْدُ بِحَمْدِهِ وَالْمَلَائِكَةُ مِنْ خِيفَتِهِ). |

**(Xumaan ilaahay baa ka hufan, Allihii uu onkodku ku tasbiixsanayo mahadiisa, malaa'iktuna ku tasbiixsanayso cabsidiisa).**

## 91
### DUCADA ROOB-DOONKA
(مِن أدعِيَةِ الإِسْتِسْقَاء)

Kuwani waa qaar ka mid ah ducooyinka roob-doonka:

| | |
|---|---|
| (Allaahummas-qinaa ghaythan mughiithan marii'an mariican, naafican ghayra daar, caajilan ghayra aajil). | ١- (اللَّهُمَّ اسْقِنَا غَيْثاً مُغِيثاً مَرِيئاً مَرِيعاً، نَافِعاً غَيْرَ ضَارٍّ، عَاجِلاً غَيْرَ آجِلٍ). |

**Rabbiyoow na waraabi roob barwaaqo ah, deggan, doogna noo bixiya, waxtar leh, aan dhibaato wadan, deg-deg ah oo aan daahayn.**

| (Allaahumma aghithnaa, Allaahumma aghithnaa, Allaahumma aghithnaa). | ٢- (اللَّهُمَّ أَغِثْنَا، اللَّهُمَّ أَغِثْنَا، اللَّهُمَّ أَغِثْنَا). |
|---|---|

Eebboow na waraabi, Eebboow na waraabi, Eebboow na waraabi.

| (Allaahum-masqi cibaadak, wa bahaaimak, wanshur raxmatak, wa axyii baladakal-mayyit). | ٣- (اللَّهُمَّ اسْقِ عِبَادَكَ، وَبَهَائِمَكَ، وَانْشُرْ رَحْمَتَكَ، وَأَحْيِي بَلَدَكَ الْمَيِّتَ). |
|---|---|

Eebboow addoomahaaga iyo xayawaankaaga waraabi. Eebboow naxariistaada fidi oo noolee beledkan dhintay.

## 92
### DUCADA MARKUU ROOBKU SOO MUUQDO
(الدُّعَاءُ إِذَا رَأَى الْمَطَرَ)

Ducada la aqristo marka roobka la arko:

| (Allahumma sayyiban naaficaa). | (اللَّهُمَّ صَيِّباً نَافِعاً). |
|---|---|

Eebboow ka dhig roob shubma oo wax tara/anfaca.

## 93
### DIKRIGA MARKUU ROOBKU DA'O KADDIB
(الذِّكْرُ بَعْدَ نُزُولِ الْمَطَرِ)

Markii roobku da'o kaddib waxaa lagu ducaysanayaa:

| (Mudirnaa bi fadlil-laahi wa raxmatih). | (مُطِرْنَا بِفَضْلِ اللهِ وَرَحْمَتِهِ). |
|---|---|

Waxaa naloogu roobeeyay fadliga/galladda Eebbe iyo naxariistiisa.

## 94
### DIKRIGA, HADDII LAGA BAQO ROOBKA BADNAANTIISA
(الخَوفُ مِنَ المَطَرِ الغَزِيرِ)

Ducada la aqristo marka roobku aad u bato, lagana baqo inuu dhibaatooyin keeno:

(اللَّهُمَّ حَوَالَيْنَا وَلاَ عَلَيْنَا، اللَّهُمَّ عَلَى الْآكَامِ وَالظِّرَابِ، وَبُطُونِ الْأَوْدِيَةِ، وَمَنَابِتِ الشَّجَرِ).

(Allaahumma xawaalaynaa walaa calaynaa, Allahumma calal'aakaami wath-thiraab, wa buduunil awdiyati, wa manaabitish-shajar).

Eebboow hareeraheenna ku shub oo korkeenna ka ilaali. Eebboow dhulka sare, dhulka hoose, togagga iyo dhul daaqsimeedka ku shub.

## 95

### DUCADA BILASHADA BISHA

(دُعَاءُ رُؤْيَةِ الْهِلَالِ)

Ducada la aqristo marka bisha cusub ama dhalatay la arko:

(اللَّهُ أَكْبَرُ، اللَّهُمَّ أَهِلَّهُ عَلَيْنَا بِالْأَمْنِ وَالْإِيمَانِ، وَالسَّلَامَةِ وَالْإِسْلَامِ، وَالتَّوْفِيقِ لِمَا تُحِبُّ رَبَّنَا وَتَرْضَى، رَبُّنَا وَرَبُّكَ اللَّهُ).

(Allaahu akbar, Allaahumma ahillahu calaynaa bil amni wal iimaan, was-salaamati wal-islaam, wat-tawfiiqi limaa tuxibbu rabbanaa wa tardaa, rabbunaa warabbu-kallaah).

Eebbaa weyn. Eebboow noogu biloow bishan amni iyo iimaan, nabadgelyo iyo Islaam, iyo waafajinta waxa aad jeceshahay rabigeenoow raallina aad ka tahay. Rabbigeenna iyo Rabbigaaguba (rabbiga bisha) waa Eebbe weyne oo keliya.

## 96

### AL-BAAQIYAATUS SAALIXAAT

(الْبَاقِيَاتُ الصَّالِحَات)

Albaaqiyaatu Saalixaat waxa loola jeedaa adkaartan hoos ku qoran, waana adkaar aad umuhiim ah:

(سُبْحَانَ اللَّهِ، وَالْحَمْدُ لِلَّهِ، وَلاَ إِلَهَ إِلاَّ اللَّهُ، وَاللَّهُ أَكْبَرُ، وَلاَ حَوْلَ وَلاَ قُوَّةَ إِلاَّ بِاللَّهِ).

(Subxaanallaah, wal xamdu lillaahi, walaa ilaaha illal-laahu, wallaahu akbar, walaa xawla walaa quwwata illaa billaah).

Xumaan oo dhan Eeebbe ayaa ka hufan, mahad oo dhanna isaga ayaa leh, Ilaah xaq lagu caabudo oo aan isaga ahayna ma jiro, Ilaah ayaa weyn, xeelad iyo awoodi ma jirto tan Eebbe mooyee.

## 97

**FADLIGA ALBAAQIYAATUS SAALIXAAT**

(فَضْلُ التَّسْبِيحِ وَالتَّحْمِيدِ وَالتَّهْلِيلِ وَالتَّكْبِيرِ)

Nabigu S.C.W wuxuu yiri: qofkii yiraahda maalinkii boqol jeer "Subxaanallaahi wabixamdih" waa loo dhaafaa danbiyadiisa haba ahaato sida xoorta "xunbada" badda oo kale.

| (Subxaanalahi wa bixamdih). | ١- (سُبْحَانَ اللهِ وَبِحَمْدِهِ). |

Eebbe ayaa xumaan ka nasahan, isaga ayaana mahad mudan.

| (Subxanallahi wa bixamdih, cadada khalqih, wa ridaa nafsih, wa zinata carshihi, wa midaada kalimaatih). | ٢- (سُبْحَانَ اللهِ وَبِحَمْدِهِ، عَدَدَ خَلْقِهِ، وَرِضَا نَفْسِهِ، وَزِنَةَ عَرْشِهِ، وَمِدَادَ كَلِمَاتِهِ). |

Eebbe wuxuu hufan yahay oo mahadsan yahay tirada khalqigiisa, raalli ahaanshaha naftiisa, culayska carshigiisa iyo dhererka kalmadihiisa.

## 98

**DUCO FADLI IYO AJAR BADAN**

فَضْلُ مَن قَرَأَ هَذَا الدُّعَاءَ بِعَشْرِ مَرَّاتٍ

Nabigu S.C.W wuxuu yiri: qofkii toban jeer aqriya "ducada hoose" waxa uu la mid noqonayaa qof xoreeyey afar nafood oo kamid ah dhashii nabi Ismaaciil:

| (Laa ilaaha illa-laahu waxdahu laa shariika lah, lahul-mulku wa lahul-xamdu, wa huwa calaa kulli shey'in qadiir). | (لَا إِلَهَ إِلَّا اللَّهُ، وَحْدَهُ لَا شَرِيكَ لَهُ، لَهُ الْمُلْكُ وَلَهُ الْحَمْدُ، وَهُوَ عَلَى كُلِّ شَيْءٍ قَدِيرٍ). |

Ilaah xaq lagu caabudo ma jiro Allaah keligii mooyee, cid wax la wadaagtana ma jirto, isaga ayaa leh boqortinnimada, wax walbana wuu awoodaa.

## 99

### LABO EREY OO MIIZAANKA AAKHIRO KORDHIYA

(كَلِمَتَانِ ثَقِيْلَتَانِ فِي الْمِيْزَانِ)

قَالَ رَسُولُ الله صَلَّى اللهُ عَلَيْهِ وَسَلَّمَ: (كَلِمَتَانِ خَفِيفَتَانِ عَلَى اللِّسَانِ، ثَقِيلَتَانِ فِي الْمِيزَانِ، حَبِيبَتَانِ إِلَى الرَّحْمَنِ: سُبْحَانَ اللهِ وَبِحَمْدِهِ، سُبْحَانَ اللهِ الْعَظِيمِ).

**Rasuulkii Alle S.C.W wuxuu yiri:** (Laba eray oo carrabka ku fudud, miisaankana ku culus, Eebbana jecel yahay, waa "subxaanallaahi wabixamdihi, subxaanallaahil cathiim"):

(Subxanallahi wa bixamdih, Subxaanallaahil-cathiim).

(سُبْحَانَ اللهِ وَبِحَمْدِهِ، سُبْحَانَ اللهِ الْعَظِيمِ).

**Eebbe ayaa xumaan ka nasahan (ka hufan), isaga ayaana mahad iyo amaan mudan. Eebbaha weyn ayaa xumaan ka hufan.**

## 100

### KANZIGA AMA KAYDKA JANNADA

(كَنْزُ الْجَنَّةِ)

Ma jeceshahay in kaydkaaga jannada kuu yaalla uu bato? Fadlan adkaartan badi oo aqri mar kasta oo aad awoodo.

(Laa xawla walaa quwwata illaa billaah).

(لَا حَوْلَ وَلَا قُوَّةَ إِلَّا بِاللهِ).

**Cid awood iyo xeelad lihi ma jirto Eebbe weyne mooyee.**

## 101

### FADLIGA ISITIGHFAARTA IYO TAWBADA

( فضل الاسْتِغْفَارِ والتَّوْبِ )

Werdiga dambi-dhaaf waydiisiga iyo toobad keenka.

قَالَ رَسُولُ اللَّهِ - صلى الله عليه وسلم -: (وَاللَّهِ إِنِّي لَأَسْتَغْفِرُ اللَّهَ وَأَتُوبُ إِلَيْهِ فِي الْيَوْمِ أَكْثَرَ مِنْ سَبْعِينَ مَرَّةً).

**Rasuulka S.C.W wuxuu yiri:** (wallaahi anigu Alle ayaan dambi dhaaf waydiistaa, waana utoobad keenaa maalinkii in ka badan todobaatan jeer).

Waxaa dhahaysaa:

| (Astagh-firullaaha Wa atuubu ileeyh). | (أَسْتَغْفِرُ اللَّهَ وَأَتُوبُ إِلَيْهِ). |

(Eebboow ii dembi dhaaf, waana kuu tawbad keenayaa).

## 102

### DUCOOYINKA XAJKA IYO CUMRADA

أَدعِيَةٌ وَأَذكَارُ الحَجِّ وَالعُمرَةِ

**Xirashada Cumrada iyo Xajka:** Marka uu qofku xirashada cumrada iyo xajka udiyaar garoobayo wuu qubaysanayaa.
hadduu rag yahay labadii go' ee caddaa ayuu xiran, kaddibna wuu is carfin.

➢ Kaddib wuxuu niyaysanayaa cumrada ama xajka waxa uuna oronayaa:

| Labbaykallaahumma Cumratan ama Labbaykallaahumma bixajin. | لَبَّيْكَ اللَّهُمَّ عُمرَةً أَوْ لَبَّيْكَ اللَّهُمَّ بِحَجٍّ. |

Allahayoow waxaan ajiibay (niyeystay) xaj. ama
Allahayoow waxaan ajiibay (niyeystay) Cumro.

➤ Hadday Cumra tahay wuxuu kaloo oranayaa sidan hoose:

| (Allaahumma Cumratan Laa riyaa'a fiihaa walaa sumcatan). | اللَّهُمَّ عُمْرَةً لا رِياءَ فيها ولا سُمعَة. |

Ilaahoow iiga yeel cumro aan is tustus, ha lagu arko iyo sumcad raadis ahayn.

Kaddib talbiyada ayuu kor uqaadayaa:

| (Labbaykal-laahumma labbayk, labbayka laa shariika laka labbayk, innal xamda wannicmata laka wal mulka, laa shariika lak). | (لَبَّيْكَ اللَّهُمَّ لَبَّيْكَ، لَبَّيْكَ لاَ شَرِيكَ لَكَ لَبَّيْكَ، إنَّ الْحَمْدَ، وَالنِّعْمَةَ، لَكَ وَالْمُلْكَ، لاَ شَرِيكَ لَكَ). |

Eebbow waa ku ajiibay oo ku ajiibay. Eebbow cid wax kula wadaagtana ma jirto, waan ku ajiibay, mahadda, nimcada iyo boqortooyadaba adigaa Eebbow leh, cid wax kula wadaagtaana ma jirto.

### 103

## DUCADA GELIDDA MASJIDKA AMA XARAMKA
دُعَاءُ دُخُولِ الْمَسْجِدِ أَو عند دُخُولِ الْحَرَمِ

Ducada la aqristo marka masjidka la gelayo:

| (Acuuthu billaahil-cathiim, wa biwajhihil-kariim, wa suldhaanihil-qadiim, minash-shaydhaanirrajiim). | (أَعُوذُ بِاللَّهِ الْعَظِيمِ، وَبِوَجْهِهِ الْكَرِيمِ، وَسُلْطَانِهِ الْقَدِيمِ، مِنَ الشَّيْطَانِ الرَّجِيمِ). |

Waxaan ka magan gelayaa Eebbaha weyn, wajigiisa sharafta badan iyo awooddiisa horreysey inuu iga ilaaliyo shaydaanka la fogeeyay)

| (Bismillaah, wasalaatu wasalaamu calaa Rasuulillaah, Allaahummaftax lii abwaaba raxmatik). | (بسم الله وَالصَّلاةُ وَالسَّلامُ عَلَى رَسُولِ الله، اللَّهُمَّ افْتَحْ لِي أَبْوَابَ رَحْمَتِكَ). |

Magaca Eebbe ayaan ku gelayaa, naxariis iyo nabadgelyana Rasuulkii Eebbe korkiisa ha ahaato. Eebbow, albaabada naxariistaada ii fur.

## 104

### DUCADA MARKA DAWAAFKA LA BILAABAYO

الدُّعَاءُ عِندَ بَدءِ الطَّوَافِ

Markaad dawaafka bilaabaysid waxaad ujihaysanaysaa xagga Kacbada, waxaadna ku ducaysanaysaa:

| (Bismillaahi wallaahu Akbar) | (بِسْمِ اللَّهِ وَاللَّهُ أَكْبَرُ) |
|---|---|

**Alle ayaan magaciisa ku bilaabayaa, Alle ayaa wayn.**

*FG: Inta aad dawaafka ku dhex jirto nooc kasta oo adkaar ah ama duco ah waad ku ducaysan kartaa.*

## 105

### DUCADA INTA UDHAXAYSA RUKNUL-YAMAANIGA IYO XA-JARUL-ASWADKA

(الدُّعَاءُ بَيْنَ الرُّكْنِ الْيَمَانِي وَالْحَجَرِ الْأَسْوَدِ)

Ducada lagu ducaysto markuu qofku marayo inta udhexeysa Ruknul-yamaaniga iyo Xajarul-aswadka:

| (Rabbanaa aatinaa fid-dunyaa xasanatan, wafil aakhirati xasanatan, wa qinaa cadaaban-naar). | (رَبَّنَا آتِنَا فِي الدُّنْيَا حَسَنَةً وَفِي الْآخِرَةِ حَسَنَةً وَقِنَا عَذَابَ النَّارِ). |
|---|---|

**Eebboow adduunka wax wanaagsan nasii, aakhirana wax wanaagsan nasii, cadaabka naartana naga dhawr.**

## 106

### TALBIYADA QOFKA XAJKA AMA CUMRADA XIRTAY

تلبية المحرم في الحج أو العمرة

Adkaarta (talbiyada) la aqriyo Xajka iyo cumrada:

| (Labbaykal-laahumma labbayk, labbayka laa shariika laka labbayk, innal xamda wan-nicmata laka wal mulka, laa shariika lak). | (لَبَّيْكَ اللَّهُمَّ لَبَّيْكَ، لَبَّيْكَ لَا شَرِيكَ لَكَ لَبَّيْكَ، إِنَّ الْحَمْدَ، وَالنِّعْمَةَ، لَكَ وَالْمُلْكَ، لَا شَرِيكَ لَكَ). |
|---|---|

**Rabiyoow waa ku ajiibay oo ku ajiibay. Rabiyoow cid wax kula wadaagta ma jirto, waanan ku ajiibay. Mahadda, nimcada iyo Mulkigaba adigaa Eebboow leh, cid wax kula wadaagtaana ma jirto.**

## 107

### LABADA RAKCO EE DAWAAFKA

(رَكْعَتِي الطَّوَاف)

Labada rakco ee dawaafka, faatixada kaddib waxaa lagu aqriyaa:

يُقْرَأُ بَعْدَ الفَاتِحَة : (قل يا أيها الكافرون في الأولى، والإخلاص في الثانية).

Rakcadda hore waxaad aqrinaysaa Faatixa iyo Al Kaafiruun, tan labaadna waxaad aqrinaysaa Faatixa iyo Al ikhlaas.

## 108

### DUCADA SACYIGA

دُعَاءُ السَّعي

Markuu qofku sacyiga bilaabayo ee uu taagga Safa fuulo, wuxuu aqrinayaa aayadda hoos ku xusan:

(إنَّ الصَّفَا وَالْمَرْوَةَ مِنْ شَعَائِرِ اللَّهِ فَمَنْ حَجَّ الْبَيْتَ أَوِ اعْتَمَرَ فَلَا جُنَاحَ عَلَيْهِ أَنْ يَطَّوَّفَ بِهِمَا وَمَنْ تَطَوَّعَ خَيْرًا فَإِنَّ اللَّهَ شَاكِرٌ عَلِيمٌ). ثم يقول بعدها (أبدأ بما بدأ الله به).

Kaddibna wuxuu oranayaa (waxaan ku bilaabayaa wixii Alle ku bilaabay), oo uu ka wado buurta Safa, oo iyada quraanku hor sheegay.

ثم يرقى على الصفا حتى يرى الكعبة فيستقبلها ويرفع يديه كما يرفعها عند الدعاء ويقول:

Kaddib wuxuu fuulayaa taagga Safa dhaladiisa illaa uu kacbada arko, xaggeeda ayuu ujeedsanayaa, gacmaha ayuu kor uqaadayaa sida marka la ducaysanayo wuxuuna oranayaa:

(Allaahu akbar Allaahu akbar Allaahu akbar, laa ilaaha Illallaahu waxdahu laa shariika lah, lahul-mulku, walahul- xamdu, wahuwa calaa kulli shey'in qadiir, laa ilaaha illallaahu waxdahu laa shariika lah, Anjaza wacdah, wanasara cabdah, wahazamal-axzaaba waxdah). Saddex jeer).

اللهُ أَكْبَرُ اللهُ أَكْبَرُاللهُ أَكْبَرُ لَا إِلَهَ إِلَّا اللهُ وَحْدَهُ لَا شَرِيكَ لَهُ لَهُ الْمُلْكُ وَلَهُ الْحَمْدُ وَهُوَ عَلَى كُلِّ شَيْءٍ قَدِيرٌ، لَا إِلَهَ إِلَّا اللهُ وَحْدَهُ، أَنْجَزَ وَعْدَهُ، وَنَصَرَ عَبْدَهُ، وَهَزَمَ الْأَحْزَابَ وَحْدَهُ، ( ثلاث مرات.)

Allaa weyn saddex jeer. Ilaah xaq ah ma jiro Allaah mooyee, waana keligiis aanu jirin wax la bar-bar dhigo. Mulkiga iyo mahadda isagaa leh, wax walbana wuu awoodaa. Ilaah xaq ah ma jiro Allaah mooyee, wacdigiisa iyo ballankiisa wuu fuliyey, addoonkiisana wuu ugargaaray, keligiis ayaan cadawgii jebiyey.

وعند صعود المروة يفعل كما فعل عند الصفا.

**Markuu Marwa fuulana isla intii ayuu ku celinayaa.**

### DUCADA MAALINKA CARAFO
(دُعَاءُ يَوْمِ عَرَفَةَ)

Maalinka la taagan yahay Carafa, ducooyinka lagu ducaysto waxaa kamid ah:

(Laa ilaaha illallaahu waxdahu laa shariika lah, lahul mulku walahul xamdu, wahuwa calaa kulli shay'in qadiir).

(لاَ إِلَهَ إِلَّا اللَّهُ وَحْدَهُ لاَ شَرِيكَ لَهُ، لَهُ الْمُلْكُ وَلَهُ الْحَمْدُ وَهُوَ عَلَى كُلِّ شَيْءٍ قَدِيرٌ.)

Ma jiro Ilaah xaq lagu caabudo Eebbe weyne mooyee. Waa Eebbe keli ah, cid wax la wadaagtana ma jirto, isaga ayaa boqor ah oo ammaan iyo mahadba mudan, wax walbana wuu awoodaa.

رَبَّنَا هَبْ لَنَا مِنْ أَزْوَاجِنَا وَذُرِّيَّاتِنَا قُرَّةَ أَعْيُنٍ وَاجْعَلْنَا لِلْمُتَّقِينَ إِمَامًا، رَبِّ أَوْزِعْنِي أَنْ أَشْكُرَ نِعْمَتَكَ الَّتِي أَنْعَمْتَ عَلَيَّ وَعَلَى وَالِدَيَّ وَأَنْ أَعْمَلَ صَالِحًا تَرْضَاهُ وَأَصْلِحْ لِي فِي ذُرِّيَّتِي إِنِّي تُبْتُ إِلَيْكَ وَإِنِّي مِنَ الْمُسْلِمِينَ)

(Rabbanaa hab lanaa min azwaajinaa wa thurriyaatinaa qurrata acyunin wajcalnaa lilmut-taqiina imaamaa. Rabbi awzicnii an ashkura nicmatakallatii ancamta calaya wacalaa waalidaya wa an acmala saalixan tardaahu wa aslix lii fii thurriyatii innii tubtu ileyka wa innii minal-muslimiin).

Rabigayoow nooga dhig xaasaskeenna iyo ubadkeenna kuwa indhuhu ku qabawsadaan, muuminiintana imaam (hogaamiye) nooga dhig. Allahayoow igu ilhaami (igu toosi/iwaafaji) inaan ku shukriyo nicmooyinka aad isiisay aniga waalidkayba, iyo sidoo kale inaan sameeyo wanaag aad raalli ka tahay. Allahayoow ii toosi carruurtayda, waan kuu toobad keenay, waxaanan kamid hay dadka kuu hogaansamay (Muslimiinta).

## 110
### DUCADA RAMYIGA (DHAGAX TUURISTA)

الدُّعَاءُ عِندَ رَمْيِ الجِمَارِ

Mar kasta oo xaajigu tuuranayo mid kamid ah dhagaxyada jamaraadka wuxuu oranayaa:

(اللهُ أَكْبَرُ) مع كلِّ حصاة.

(Allaahu akbar) dhagax kasta la socota. Allaa weyn.

## 111
### DUCOOYIN GUUD OO XAJKA LAGU DUCAYSTO

أَدْعِيَةٌ عَامَّةٌ تُقَالُ فِي الحَجِّ أَوِ العُمْرَةِ

ومن جملة الأدعية المأثورة في الحج والعمرة وغيرهما من الأوقات هذه الأدعية المذكورة أدناه:

Ducooyinka hoose, waa ducooyin guud oo ku soo arooray xajka, Cimrada iyo waqtiyada kaleba.

(رَبَّنَا لَا تُؤَاخِذْنَا إِنْ نَسِينَا أَوْ أَخْطَأْنَا رَبَّنَا وَلَا تَحْمِلْ عَلَيْنَا إِصْرًا كَمَا حَمَلْتَهُ عَلَى الَّذِينَ مِنْ قَبْلِنَا رَبَّنَا وَلَا تُحَمِّلْنَا مَا لَا طَاقَةَ لَنَا بِهِ وَاعْفُ عَنَّا وَاغْفِرْ لَنَا وَارْحَمْنَا أَنْتَ مَوْلَانَا فَانْصُرْنَا عَلَى الْقَوْمِ الْكَافِرِينَ). البقرة ٢٨٦.

(Eebboow ha noo qabanin haddaan halmaanno ama gafno, Eebboow ha nagu xambaarin culays sidii aad ugu xambaartay kuwii naga horreeyey, Eeboow ha nagu xambaarin (dhibin) wax aannaan awood u lahayn; Na cafi oo noo dembi dhaaf, noona naxariiso, adigaa gargaaraheenna ahe, nooga gargaar qoomka gaalada ah).

(رَبَّنَا وَسِعْتَ كُلَّ شَيْءٍ رَحْمَةً وَعِلْمًا فَاغْفِرْ لِلَّذِينَ تَابُوا وَاتَّبَعُوا سَبِيلَكَ وَقِهِمْ عَذَابَ الْجَحِيمِ، رَبَّنَا وَأَدْخِلْهُمْ جَنَّاتِ عَدْنٍ الَّتِي وَعَدْتَهُمْ وَمَنْ صَلَحَ مِنْ آبَائِهِمْ وَأَزْوَاجِهِمْ وَذُرِّيَّاتِهِمْ إِنَّكَ أَنْتَ الْعَزِيزُ الْحَكِيمُ، وَقِهِمُ السَّيِّئَاتِ وَمَنْ تَقِ السَّيِّئَاتِ يَوْمَئِذٍ فَقَدْ رَحِمْتَهُ وَذَلِكَ هُوَ الْفَوْزُ الْعَظِيمُ). الغافر ٧-٩.

(Eebbaheenoow cilmigaaga iyo naxariistaadu wax kasta wey ka ballaaran yihiin, u dembi dhaaf kuwa toobad keena ee raaca jidkaaga, kana dhawr cadaabka Jaxiimo; Rabiyoow geli janadii nagaadiga ee aad u ballan qaaday iyaga iyo aabbayaashooda suubban, haweenkooda iyo caruurtoodaba, adigaa ah Eebbe qaalib ah oo xikmad badan; Allahayoow kuwaas ka dhawr xumaanta (ciqaabta), ruuxaad maalintaas ciqaabta ka dhawrto waad u naxariisatay taasina waa liibaanta weyn).

(رَبَّنَا مَا خَلَقْتَ هَذَا بَاطِلاً سُبْحَانَكَ فَقِنَا عَذَابَ النَّارِ، رَبَّنَا إِنَّكَ مَن تُدْخِلِ النَّارَ فَقَدْ أَخْزَيْتَهُ وَمَا لِلظَّالِمِينَ مِنْ أَنصَارٍ، رَبَّنَا إِنَّنَا سَمِعْنَا مُنَادِيًا يُنَادِي لِلْإِيمَانِ أَنْ آمِنُواْ بِرَبِّكُمْ فَآمَنَّا رَبَّنَا فَاغْفِرْ لَنَا ذُنُوبَنَا وَكَفِّرْ عَنَّا سَيِّئَاتِنَا وَتَوَفَّنَا مَعَ الأبْرَارِ، رَبَّنَا وَآتِنَا مَا وَعَدتَّنَا عَلَى رُسُلِكَ وَلاَ تُخْزِنَا يَوْمَ الْقِيَامَةِ إِنَّكَ لاَ تُخْلِفُ الْمِيعَادَ). آل عمران ١٩١-١٩٤.

(Eebboow uma aadan abuurin khalqiga micno darro iyo ciyaar, waad ka hufan tahay xumaan dhammanteede, naga ilaali cadaabka naarta. Eebboow ruuxaad naarta geliso dhab ahaan baad u hoojisay, Daallimiintuna ma lahan cid u gargaarta. Eebboow waxaan maqalnay mid iimaanka dadka ugu yeeraya oo oranaya: "Dadoow rumeeya Eebbihiin" waanan rumeynay, Eebboow noo dembi dhaaf, xumaanteenna astur, oo na oofso annagoo kuwa wanaagsan ka mid ah. Eebboow na sii waxii aad noogu yaboohday rusushaada, hana na hoojin maalinta qiyaame, maadaama aadan ahayn mid ballanka ka baxa).

(رَبَّنَا آتِنَا فِي الدُّنْيَا حَسَنَةً وَفِي الآخِرَةِ حَسَنَةً وَقِنَا عَذَابَ النَّارِ) البقرة ٢٠١.

(Eebboow adduun iyo aakhiraba wanaag na sii, nagana ilaali cadaabka naarta).

(رَبَّنَا أَفْرِغْ عَلَيْنَا صَبْرًا وَتَوَفَّنَا مُسْلِمِين) الأعراف ١٢٦.

(Allahayoow samir nagu shub (buuxi), oo na dil annagoo muslimiin ah).

(رَبَّنَا ظَلَمْنَا أَنفُسَنَا وَإِن لَّمْ تَغْفِرْ لَنَا وَتَرْحَمْنَا لَنَكُونَنَّ مِنَ الْخَاسِرِينَ) الأعراف ٢٣.

(Eebboow waxaan dulminay nafteenna, haddii aadan noo dembi dhaafin oo aadan noo naxariisanna waxaan ahaanaynaa kuwo khasaara).

(رَبَّنَا اغْفِرْ لَنَا ذُنُوبَنَا وَإِسْرَافَنَا فِي أَمْرِنَا وَثَبِّتْ أَقْدَامَنَا وَانصُرْنَا عَلَى الْقَوْمِ الْكَافِرِينَ) البقرة ٢٥٠.

(Eebboow samir korkeenna ku shub, sugna Gomadaheenna -lugaheenna-, noogana hiilli qoomka gaalada ah).

(رَبِّ اجْعَلْنِي مُقِيمَ الصَّلَاةِ وَمِن ذُرِّيَّتِي رَبَّنَا وَتَقَبَّلْ دُعَاءِ، رَبَّنَا اغْفِرْ لِي وَلِوَالِدَيَّ وَلِلْمُؤْمِنِينَ يَوْمَ يَقُومُ الْحِسَابُ) إبراهيم ٤٠-٤١.

(Rabiyoow aniga iyo carruurtaydaba naga dhig kuwa salaadda ooga, igana aqbal baryada Allahayoow. Eebboow ii dambi dhaaf aniga, waalidkay iyo mu'miinta, maalinta la is xisaabinayo "qiyaamaha").

(رَبَّنَا اغْفِرْ لَنَا وَلِإِخْوَانِنَا الَّذِينَ سَبَقُونَا بِالْإِيمَانِ وَلَا تَجْعَلْ فِي قُلُوبِنَا غِلًّا لِّلَّذِينَ آمَنُوا رَبَّنَا إِنَّكَ رَؤُوفٌ رَّحِيمٌ) الحشر ١٠.

(Eebboow noo dembi dhaaf annaga iyo walaalaheennii iimaanka (rumaynta) nooga soo horreeyey, hana ka yeelin qalbigeenna mid xiqdi (xasidnimo) u qaada kuwa Eebbe rumeeyay. Rabiyoow adigu waxaad tahay mid dhimrin badan oo naxariis badan).

(اللَّهُمَّ إِنِّي أَسْأَلُكَ الْعَفْوَ وَالْعَافِيَةَ فِي دِينِي وَدُنْيَايَ وَأَهْلِي وَمَالِي، اللَّهُمَّ اسْتُرْ عَوْرَاتِي، وَآمِنْ رَوْعَاتِي، اللَّهُمَّ احْفَظْنِي مِنْ بَيْنِ يَدَيَّ، وَمِنْ خَلْفِي، وَعَنْ يَمِينِي، وَعَنْ شِمَالِي، وَمِنْ فَوْقِي، وَأَعُوذُ بِعَظَمَتِكَ أَنْ أُغْتَالَ مِنْ تَحْتِي.)

(Allaahumma Innii as-aluka alcafwa walcaafiyata fii diinii wa-dunyaaya wa-ahlii wa-maalii. Allaahummastur cawraatii, wa-aammin rawcaatii. Allaahummaxfathnii min beyni yadaya wa-min khalfii, wa-can yamiinii, wa-can shimaalii, wa-min fawqii, wa-acuuthu bicathamatika an uqhtaala min taxtii)

Allahayoow waxaan ku weydiistay cafi iyo badbaadin diinkayga, adduunkayga, ahalkayga iyo maalkayga. Ilaahoow ceebtayda astur, cabsideydana amni ka yeel. Eebboow iga xifthi hortayda iyo gadaashayda, midigtayda, bidixdeyda, iyo korkayga. Waxaan kaa magangalayaa in dhib hoosteyda iiga soo boodo.

(Allaahumma caafinii fii badanii, allaahumma caafinii fii samcii, Allaahumma caafinii fii basarii, Laa Ilaaha illaa Anta).

اللَّهُمَّ عَافِنِي فِي بَدَنِي، اللَّهُمَّ عَافِنِي فِي سَمْعِي، اللَّهُمَّ عَافِنِي فِي بَصَرِي، لاَ إِلَهَ إِلاَّ أَنْتَ

Eebboow caafi jirkeyga, Eebboow caafi maqalkayga, Eebboow caafi aragayga, Ilaah kale ma jiro adiga mooyee.

(Allaahumma innii acuuthu bika minal-kufri walfaqri, wa acuuthu bika min cathaabil qabri, laa ilaaha illaa Anta).

اللهمَّ إني أعوذُ بك من الكفرِ والفقرِ وعذابِ القبرِ، لَا إِلَهَ إِلَّا اللَّهُ أَنْتَ

Allahayoow waxaan kaa magan galayaa gaalnimo iyo gaajo, waxaan kaa magan galayaa cathaabta qabriga, Ilaah aan adiga ahayn ma jiro.

(Allaahumma anta rabbii laa ilaaha illaa anta khalaqtanii wa-anaa cabduk, wa-anaa calaa cahdik wa-wacdik mastadhactu, Acuuthu bika min sharri maa sanactu, abuu'u laka binicmatika calaya, wa-abuu'u bithanbii, faqhfirlii, fa-innahu laa yaqhfiru-thunuuba illaa anta).

اللَّهُمَّ أَنْتَ رَبِّي، لا إِلَهَ إِلَّا أَنْتَ، خَلَقْتَنِي وأنا عَبْدُكَ، وأنا على عَهْدِكَ وَوَعْدِكَ ما اسْتَطَعْتُ، أَبُوءُ لكَ بِنِعْمَتِكَ عَلَيَّ، وأَبُوءُ لكَ بِذَنْبِي فاغْفِرْ لي، فإنَّه لا يَغْفِرُ الذُّنُوبَ إلَّا أَنْتَ

Allahayoow adigaa Rabigayga ah, Ilaah kale ma jiro adigaa I abuuray addoonkaagii baanan ahay. Cahdigaagii iyo ballankaagii ayaan ku suganahay intii karaankayga ah. Shartii iyo xumaantii aan sameeyey ayaan kaa magangalayaa. Wax kastood iigu nicmaysay waan kuu qiranayaa, waxaan kaloo qirayaa wixii danbi ah oo aan sameeyey. Allahayoow ii danbi dhaaf cid kale oo danbiyada dhaafta ma jirtee.

(Allaahumma innii acuuthu bika minal-hammi wal-xazani, wa-acuuthu bika minal-cajzi wal-kasali, wa-acuuthu bika minal-jubni wal-bukhli, wa-acuuthu bika min qhalabati deyni wa-qahri-rijaal).

اللَّهُمَّ إِنِّي أَعُوذُ بِكَ مِنَ الْهَمِّ وَالْحَزَنِ، وَالْعَجْزِ وَالْكَسَلِ، وَالْبُخْلِ أَعُوذُ بِكَ من الْجُبْنِ وَالْبُخْلِ وَغَلَبَةِ الدَّيْنِ وقَهْرِ الرِّجَالِ

Eebboow waxaan kaa magan galay wel-wel iyo murugo, waxaan kaa magan galay wahsi iyo tabar-dhig, waxaan kaa magan galay fulaynimo iyo bakhiilnimo, waxaan kaa magan galay deyn buux dhaafa iyo rag imuquuniya.

(Allaahum-mahdinii li-axsanil acmaal wal-akhlaaq laa yahdii li-axsanihaa illaa anta, wasrif cannii sayi-ahaa laa yasrifu cannii sayi-ahaa illaa anta).

اللَّهُمَّ اهدِني لِأَحْسَنِ الأَعْمَالِ وَ الأَخْلَاقِ لَا يَهْدِي لِأَحْسَنِهَا إِلَّا أَنْتَ، وَاصْرِفْ عَنِي سَيِّئَهَا لَا يَصْرِفْ عَنِي سَيِّئَهَا إِلَّا أَنْتَ

Rabbiyoow igu hanuuni acmaasha iyo akhlaaqda toosan, kuwaasoo aanu dadka ku hanuunin adiga mooyee. Rabiyoow iga leexi acmaasha iyo akhlaaqda xun, kamana leexiyo dadka adiga mooyee.

(Allaahumma innii acuuthu bika min cilmin laa yanfac, wa-qalbin laa yakhshac, wa-nafsin laa tashbac, wa-dacwatin laa yustajaabu lahaa).

اللَّهُمَّ إِنِّي أَعُوذُ بِكَ مِنْ عِلْمٍ لَا يَنْفَعُ وَمِنْ قَلْبٍ لَا يَخْشَعُ وَمِنْ نَفْسٍ لَا تَشْبَعُ وَمِنْ دَعْوَةٍ لَا يُسْتَجَابُ لَهَا

Allahayoow waxaan kaa magan galay cilmi aan lagu intifaacin, iyo qalbi aan kushuucin, iyo naf aan dhergin, iyo duco aan la aqbalin).

(Allaahumma innii acuuthu bika min zawaali nicmatika, wa-taxawuli caafiyatika, wa-fuja'ati niqmatika, wa-jamiici sakhadhika).

اللَّهُمَّ إِنِّي أَعُوذُ بِكَ مِنْ زَوَالِ نِعْمَتِكَ وَتَحَوُّلِ عَافِيَتِكَ وَفُجَاءَةِ نِقْمَتِكَ وَجَمِيعِ سَخَطِكَ

Eebboow waxaan kaa magan galay nicmadaada oo guurta, caafimaadka oo iga wareega, aargoosigaaga oo kadis ah, iyo caradaada dhammaanteed.

(Allaahumma innii as-aluka xubbaka, wa-xubba man yuxibbuka, wa-xubba kulla camalin yuqarribunii ilaa xubbika).

اللَّهُمَّ إِنِّي أَسْأَلُكَ حُبَّكَ وَحُبَّ مَنْ يُحِبُّكَ وَحُبَّ عَمَلٍ يُقَرِّبُنِي إِلَى حُبِّكَ

Allahayoow waxaan ku weydiistay jacaylkaaga, iyo jacaylka kuwa ku jecel, iyo jacaylka camal kasta oo ii dhaweynaya jacaylkaaga).

---

(Allaahumma laa tadac lanaa thanban illaa ghafartah, walaa cayban illaa satartah, walaa hamman illaa farrajtah, walaa daynan illaa qadaytah, walaa xaajatan min xawaa'iji dunyaa wal-aakhirati hiya laka ridan walanaa fiihaa salaax illaa qadaytahaa yaa arxama raaximiin).

اللَّهُمَّ لَا تَدَعْ لَنَا ذَنْبًا إِلَّا غَفَرْتَهُ وَلَا هَمًّا إِلَّا فَرَّجْتَهُ وَلَا دَيْنًا إِلَّا قَضَيْتَهُ وَلَا حَاجَةً مِنْ حَوَائِجِ الدُّنْيَا وَالآخِرَةِ هِيَ لَكَ رِضًا وَلَنَا صَلَحٌ إِلَّا قَضَيْتَهَا يَا أَرْحَمَ الرَّاحِمِينَ

Eebboow thanbigeenna dhaaf, ceebteenna astur, hammigeenna fayd, deynkeenna gud, baahideenna adduun iyo tan aakhiraba Eebboow noo sahal.

---

(Allaahumma faarijal ham, kaashifal qham, mujiibu dacwatal mud-darriin, raxmaanad-dunyaa wa-raxiimahumaa, irxamnii raxmatan tuqhniinii bihaa can raxmati man siwaaka).

اللَّهُمَّ فَارِجَ الْهَمِّ، كَاشِفَ الْغَمِّ، مُجِيبَ دَعْوَةِ الْمُضْطَرِّينَ، رَحْمَنَ الدُّنْيَا وَالآخِرَةِ وَرَحِيمَهُمَا أَنْتَ تَرْحَمُنِي فَارْحَمْنِي بِرَحْمَةٍ تُغْنِينِي بِهَا عَنْ رَحْمَةِ مَنْ سِوَاكَ

Rabigayoow kan murugta iyo hammiga faydoow, kan ajiiba kuwa dhibaataysan dacwadoodoow, adduun iyo aakhiraba kan naxariistoow, ii naxariiso raxmad igaga filan kuwa kale naxariistooda.

---

(Allaahummajcalhu xajjan mabruuran, wa-sacyan mashkuuran, wa-thanban maqhfuuran, wa-camalan saalixan maqbuulan, wa-tijaaratan lan tabuur).

اللَّهُمَّ اجْعَلْ حَجَّنَا حَجًّا مَبْرُورًا وَسَعْيًا مَشْكُورًا وَذَنْبًا مَغْفُورًا وَعَمَلًا صَالِحًا مَقْبُولًا وَتِجَارَةً لَنْ تَبُورَ

Eebboow xajkeyga ka dhig mid la aqbalay oo la soo dhaweeyey, thanbigeygana ka dhig mid la dhaafay, camalkaygana ka dhig mid wanaagsan oo la aqbalay iyo midaan lagu khasaarin.

| | |
|---|---|
| (Allaahumma innii as-aluka muujibaati raxmatika, wa-cazaa'ima maqhfiratika, was-salaamata min kulli ithmin, wal-qhaniimata min kulli birrin, wal-fawza biljannati wan-najaati min-naar). | اللَّهُمَّ إِنِّي أَسْأَلُكَ مُوجِبَاتِ رَحْمَتِكَ، وَعَزَائِمَ مَغْفِرَتِكَ، وَالسَّلَامَةَ مِنْ كُلِّ إِثْمٍ، وَالْغَنِيمَةَ مِنْ كُلِّ بِرٍّ، وَالْفَوْزَ بِالْجَنَّةِ، وَالنَّجَاةَ مِنَ النَّارِ |

Allahayoow waxaan ku weydiistay wax raxmadaada ii waajibiya (aan ku heli lahaa raxmadaada), wax la iigu danbi dhaafo, danbi oo dhan inaan ka badbaado, wanaag lagu liibaano, Jannadii oo aan galo iyo naarta oo aan ka badbaado.

| | |
|---|---|
| Allaahumma laa tufarriq jamcanaa haathaa illaa bithanbin maqhfuur, wa-caybin mastuur, wa-tijaaratin lan tabuur, yaa caziizu yaa qhafuur) | اللَّهُمَّ لَا تُفَرِّقْ جَمْعَنَا هَذَا إِلَّا بِذَنْبٍ مَغْفُورٍ، وَعَيْبٍ مَسْتُورٍ، وَتِجَارَةٍ لَنْ تَبُورَ يَا عَزِيزُ يَا غَفُورُ |

Eebboow kulankeenna ha kala dirin adigoon udanbi dhaafin, adigoon ceebtooda asturin, adigoon ganacsigooda (cibaadadooda) bullaalin, yaa caziizu, yaa qhaf-fuur.

| | |
|---|---|
| (Allaahummajcal ijtimaacanaa haathaa ijtimaacan marxuuman, wajcal tafaruqanaa bacdahu tafaruqan macsuuman, walaa tajcal macanaa shaqiyan walaa maxruuman). | اللهم اجْعَلْ إِجْتِمَاعَنَا هَذَا إِجْتِمَاعاً مَرْحُوماً وَاجْعَلْ تَفَرُّقَنَا بَعْدَهُ تَفَرُّقاً مَعْصُوماً وَلَاتَجْعَلْ مَعَنَا شَقِياً وَّلَامَحْرُوماً |

Allahayoow ka dhig kulankeennaan mid aad unaxariisato, kala dareerka ka danbeeyana ka dhig midaad xumaan ka dhawrto, nagana ilaali Rabigayoow inuu naga mid noqdo mid hoogay iyo mid khasaaray.

| | |
|---|---|
| (Allaahumma farrij hammal mahmuumiin, wanaf-fis karbal makruubiin, waqdid-deyna canilma-diiniin, washfi mardaanaa wa-mardal muslimiin, Allaahumma fukka asral ma'suuriin fii kulli makaan). | اللَّهُمَّ فَرِّجْ هَمَّ الْمَهْمُومِينَ، وَنَفِّسْ كَرْبَ الْمَكْرُوبِينَ، وَاقْضِ الدَّيْنَ عَنِ الْمَدِينِينَ، وَاشْفِ مَرْضَانَا وَمَرْضَى الْمُسْلِمِينَ، اللَّهُمَّ فُكَّ أَسْرَ الْمَأْسُورِينَ فِي كُلِّ مَكَانٍ |

Rabbiyoow kuwa murugaysan murugta ka fayd, kuwa kurbaysanna kurbada ka qaad, kuwa deymaysan deynkooda oofi, bukaankeenna iyo kan muslimiintaba caafi, Allahayoow kuwa xorriyaddoodii waayey usoo celi.

اللَّهُمَّ اجْعَلِ الْقُرْآنَ الْعَظِيمَ لِقُلُوبَنَا ضِيَاءً وَلِأَفْوَاهَنَا جَلَاءً، وَلِأَسْقَامَنَا دَوَاءً وَلِذُنُوبَنَا مُحَمِّصًا وَعَنِ النَّارِ مُخْلِصَا اللَّهُمَّ ذِكِّرْنَا مِنْهُ مَا نَسِيْنَا وَعَلِّمْنَا مِنْهُ مَا جَهِلْنَا وَارْزُقْنَا تِلَاوَتَهُ آنَاءَ اللَّيْلِ وَأَطْرَافِ النَّهَارِ عَلَى الْوَجْهِ الَّذِي يُرْضِيكَ عَنَّا، اللَّهُمَّ اجْعَلْنَا مِمَّنْ يَحِلُّ حَلَالَهُ وَيُحَرِّمُ حَرَامَهُ وَيَعْمَلُ بِمُحْكَمِهِ، وَيُؤْمِنُ بِمُتَشَابِهِهِ، وَيَتْلُوهُ حَقَّ تِلَاوَتِهِ، اللَّهُمَّ أَلْبِسْنَا بِهِ الْحُلَلَ، وَأَسْبِغْ عَلَيْنَا بِهِ النِّعَمَ وَادْفَعْ بِهِ عَنَّا النِّقَمَ

(Allaahum-majcalil-qur'aanal cathiima liquluubinaa diyaa'an, wali-afhaaminaa jalaa'an, wali-asqa-aminaa dawaa'an, wali-thunuu-binaa mumaxisan, wacanin-naari mukhalisan, Allaahumma thakkirnaa minhu maa nussiinaa, wacallimnaa minhu maa jahilnaa, warzuqnaa tilaawatahu aanaa'alleyli wa-adhraa-fan-nahaari calal wajhil-lathii yurdiika cannaa. Allaahum-maj-calnaa mimman yuxillu xalaalah, wa-yuxarrimu xaraamah, wa-yacmalu bimuxkamih, wa-yu'minu bimu-tashaabihih, wa-yatluuhu xaqqa tilaawatih. Allaahumma albisnaa bihil xulal, wa-askinnaa bihith-thu-lal, wa-asbiqh caleynaa bihin-nicam, wadfac bihi canna-niqam).

Allahayoow quraanka kariimka ah, quluubteenna nuur uga dhig, fahamkeenna ku nathiifi, jirrooyinkeenna ku dawee, thunuubteenna ku gub (ku dhaaf), naarta nooga xoree. Allahayoow ka dhig qur'aanka kariimka ah midaan ku xasuusanno wixii aan illownay, midaan ku baranno wixii aannaan aqoon. Allahayoow nagu arsuq aqrintiisa habeen iyo dharaar iyo weliba sida aad jeceshahay inaan u aqrinno. Allahayoow naga dhig kuwa xaaraantinimeeya xaaraantiisa, kuwa xalaaleeya xalaashiisa, kuwa ku camal fala muxkamkiisa, kuwa rumeeya mutashaabihiisa, kuwa u aqriya siduu mudan yahay in loo aqriyo. Allahayoow sababtiisa nagu huwi dharka janada, nagu deji hooska janada, nooga dherji nimcada aakhiro, noogana difaac dhibaa-tooyinka dunida.

اللَّهُمَّ اشْفِ مَرْضَانَا وَمَرْضَى الْمُسْلِمِينَ، وَارْحَمْ مَوْتَانَا وَمَوْتَى الْمُسْلِمِينَ، وَاقْضِ حَوَائِجَنَا وَحَوَائِجَ السَّائِلِينَ

(Allaahum-mashfi mardaanaa wa-mardal-muslimiin, warxam mawtaanaa wa-mawtal muslimiin, waqdi xawaa'ijanaa wa-xawaa'ijas-saa'iliina).

Eebboow caafi bukaankeenna iyo kan muslimiintaba, unaxariiso mawtadeenna iyo kuwa muslimiintaba, fududee amuuraheenna iyo umuuraha weydiistayaasha dhammaan.

# CUTUBKA

# 2 AAD
## DUCOOYINKA QUR'AANKA KU JIRA

أدعيةٌ مِن الْقُرآنِ الْكَرِيمِ

## 1

### سُورَةُ الْفَاتِحَة

﴿اهْدِنَا الصِّرَاطَ الْمُسْتَقِيمَ، صِرَاطَ الَّذِينَ أَنْعَمْتَ عَلَيْهِمْ غَيْرِ الْمَغْضُوبِ عَلَيْهِمْ وَلَا الضَّالِّينَ﴾. الْفَاتِحَة، ٧.

(Eebboow nagu hanuuni jidkaaga toosan (xaqa). Jidkaas oo ay raaceen kuwa aad u nicmaysay ee aadan u caroon ama aan lumin).

## 2

### سُورَةُ الْبَقَرَة

﴿رَبَّنَا تَقَبَّلْ مِنَّا إِنَّكَ أَنْتَ السَّمِيعُ الْعَلِيمُ﴾. الْبَقَرَة، ١٢٧.

(Eebboow naga aqbal, waxaad tahay mid maqal iyo cilmi badan).

﴿رَبَّنَا وَاجْعَلْنَا مُسْلِمَيْنِ لَكَ وَمِنْ ذُرِّيَّتِنَا أُمَّةً مُسْلِمَةً لَكَ وَأَرِنَا مَنَاسِكَنَا وَتُبْ عَلَيْنَا إِنَّكَ أَنْتَ التَّوَّابُ الرَّحِيمُ﴾. الْبَقَرَة، ١٢٨.

(Eebboow naga yeel kuwa kuu hoggaansama, faraceennana ka yeel ummad kuu hoggaansanta, nana tusi (na bar) camalkeenna (Xajka), nagana toobad aqbal adaa toobad aqbale, naxariis badane ah).

﴿رَبَّنَا آتِنَا فِي الدُّنْيَا حَسَنَةً وَفِي الْآخِرَةِ حَسَنَةً وَقِنَا عَذَابَ النَّارِ﴾ الْبَقَرَة، ٢٠١.

(Eebboow adduun iyo aakhiraba wanaag na sii, nagana ilaali cadaabka naarta).

﴿رَبَّنَا أَفْرِغْ عَلَيْنَا صَبْرًا وَثَبِّتْ أَقْدَامَنَا وَانْصُرْنَا عَلَى الْقَوْمِ الْكَافِرِينَ﴾. الْبَقَرَة، ٢٥٠.

(Eebboow samir korkeenna ku shub, sugna Gomadaheenna -lugaheenna-, noogana hiilli qoomka gaalada ah).

| | |
|---|---|
| (Eebboow ha noo qabanin haddaan halmaanno ama gafno, Eebboow ha nagu xambaarin culays sidii aad ugu xambaartay kuwii naga horreeyey, Eeboow ha nagu xambaarin (dhibin) wax aannaan awood u lahayn; Na cafi oo noo dembi dhaaf, noona naxariiso, adigaa gargaaraheenna ahe, nooga gargaar qoomka gaalada ah). | ﴿رَبَّنَا لَا تُؤَاخِذْنَا إِن نَّسِينَا أَوْ أَخْطَأْنَا ۚ رَبَّنَا وَلَا تَحْمِلْ عَلَيْنَا إِصْرًا كَمَا حَمَلْتَهُ عَلَى الَّذِينَ مِن قَبْلِنَا ۚ رَبَّنَا وَلَا تُحَمِّلْنَا مَا لَا طَاقَةَ لَنَا بِهِ ۖ وَاعْفُ عَنَّا وَاغْفِرْ لَنَا وَارْحَمْنَا ۚ أَنتَ مَوْلَانَا فَانصُرْنَا عَلَى الْقَوْمِ الْكَافِرِينَ﴾. البقرة، ٢٨٦. |

## ٣
## سُورَةُ آلِ عِمْرَان

| | |
|---|---|
| (Eebboow ha iilin/leexin quluubteenna hanuunka dabadiis, na sii naxariistaada, adigaa wax walba bixiyee). | ﴿رَبَّنَا لَا تُزِغْ قُلُوبَنَا بَعْدَ إِذْ هَدَيْتَنَا وَهَبْ لَنَا مِن لَّدُنكَ رَحْمَةً ۚ إِنَّكَ أَنتَ الْوَهَّابُ﴾. آل عمران، ٨. |
| (Eeboow waan rumeynay ee noo dhaaf dambiyadeenna, nagana dhawr cadaabta naarta). | ﴿رَبَّنَا إِنَّنَا آمَنَّا فَاغْفِرْ لَنَا ذُنُوبَنَا وَقِنَا عَذَابَ النَّارِ﴾. آل عمران، ١٦. |
| (Eebboow ii hibee farac wanaagsan, adaa maqli og oo ajiiba ducada). | ﴿رَبِّ هَبْ لِي مِن لَّدُنكَ ذُرِّيَّةً طَيِّبَةً ۖ إِنَّكَ سَمِيعُ الدُّعَاءِ﴾. آل عمران، ٣٨. |
| (Eebboow waan rumeynay wixii aad soo dejisay, waana raacnay Rasuulkaagiiye, nagu dar ummadda Nebigaaga Muxamed s.c.w). | ﴿رَبَّنَا آمَنَّا بِمَا أَنزَلْتَ وَاتَّبَعْنَا الرَّسُولَ فَاكْتُبْنَا مَعَ الشَّاهِدِينَ﴾. آل عمران، ٥٣. |

| | |
|---|---|
| (Eebboow noo dhaaf dambigeenna iyo ku tagrifalidda amarkeenna. Eebboow sug gomadaheenna (lugaheenna). noogana gargaar qoomka gaalada ah). | ﴿رَبَّنَا اغْفِرْ لَنَا ذُنُوبَنَا وَإِسْرَافَنَا فِي أَمْرِنَا وَثَبِّتْ أَقْدَامَنَا وَانصُرْنَا عَلَى الْقَوْمِ الْكَافِرِينَ﴾. آلُ عِمْرَانَ، ١٤٧. |
| (Eebboow uma aadan abuurin khalqiga micno darro iyo ciyaar, waad ka hufantahay xumaan dhammanteede naga ilaali cadaabka naarta). | ﴿رَبَّنَا مَا خَلَقْتَ هَٰذَا بَاطِلًا سُبْحَانَكَ فَقِنَا عَذَابَ النَّارِ﴾. آلُ عِمْرَانَ ١٩١. |
| (Eebboow ruuxaad naarta geliso dhab ahaan baad u hoojisay, Daallimiintuna ma lahan cid u gargaarta). | ﴿رَبَّنَا إِنَّكَ مَن تُدْخِلِ النَّارَ فَقَدْ أَخْزَيْتَهُ وَمَا لِلظَّالِمِينَ مِنْ أَنصَارٍ﴾. آلُ عِمْرَانَ، ١٩٢. |
| (Eebboow waxaan maqalnay mid iimaanka dadka ugu yeeraya oo oranaya: "Dadoow rumeeya Eebbihiin" waanan rumeynay, Eebboow noo dembi dhaaf, xumaanteenna astur, oo na oofso annagoo kuwa wanaagsan ka mid ah). | ﴿رَبَّنَا إِنَّنَا سَمِعْنَا مُنَادِيًا يُنَادِي لِلْإِيمَانِ أَنْ آمِنُوا بِرَبِّكُمْ فَآمَنَّا رَبَّنَا فَاغْفِرْ لَنَا ذُنُوبَنَا وَكَفِّرْ عَنَّا سَيِّئَاتِنَا وَتَوَفَّنَا مَعَ الْأَبْرَارِ﴾. آلُ عِمْرَانَ، ١٩٣. |
| (Eebboow na sii waxii aad noogu yaboohday rusushaada, hana na hoojin maalinta qiyaame, maadaama aadan ahayn mid ballanka ka baxa). | ﴿رَبَّنَا وَآتِنَا مَا وَعَدتَّنَا عَلَىٰ رُسُلِكَ وَلَا تُخْزِنَا يَوْمَ الْقِيَامَةِ إِنَّكَ لَا تُخْلِفُ الْمِيعَادَ﴾. آلُ عِمْرَانَ، ١٩٤. |

## 4

## سُورَةُ النِّسَاء

| | |
|---|---|
| (Alloow naga saar magaaladaan ay dadkeedu dulmiga wadaan, agtaadana nooga yeel sokeeye noo diir naxa iyo mid noo hiiliya). | ﴿رَبَّنَا أَخْرِجْنَا مِنْ هَٰذِهِ الْقَرْيَةِ الظَّالِمِ أَهْلُهَا وَاجْعَلْ لَنَا مِنْ لَدُنْكَ وَلِيًّا وَاجْعَلْ لَنَا مِنْ لَدُنْكَ نَصِيرًا﴾. النِّسَاء، ٧٥. |

## 5

## سُورَةُ الْأَعْرَاف

| | |
|---|---|
| (Eebboow waxaan dulminay nafteenna, haddii aadan noo dembi dhaafin oo aadan noo naxariisanna waxaan ahaanaynaa kuwo khasaara). | ﴿رَبَّنَا ظَلَمْنَا أَنْفُسَنَا وَإِنْ لَمْ تَغْفِرْ لَنَا وَتَرْحَمْنَا لَنَكُونَنَّ مِنَ الْخَاسِرِينَ﴾. الْأَعْرَاف، ٢٣. |
| (Rabiyoow ha nagu darin kuwa gardarrada badan (daallimiinta). | ﴿رَبَّنَا لَا تَجْعَلْنَا مَعَ الْقَوْمِ الظَّالِمِينَ﴾. الْأَعْرَاف، ٤٧. |
| (Eebboow Annaga iyo qoladeenna (qoomkeena) si xaq ah noo kala saar, Adiga ayaa ugu wanaagsan kuwa wax kala saara). | ﴿رَبَّنَا افْتَحْ بَيْنَنَا وَبَيْنَ قَوْمِنَا بِالْحَقِّ وَأَنْتَ خَيْرُ الْفَاتِحِينَ﴾. الْأَعْرَاف، ٨٩. |
| (Allahayoow samir nagu shub (buuxi), oo na dil annagoo muslimiin ah). | ﴿رَبَّنَا أَفْرِغْ عَلَيْنَا صَبْرًا وَتَوَفَّنَا مُسْلِمِينَ﴾. الْأَعْرَاف، ١٢٦. |

| | |
|---|---|
| ﴿رَبِّ اغْفِرْ لِي وَلِأَخِي وَأَدْخِلْنَا فِي رَحْمَتِكَ وَأَنتَ أَرْحَمُ الرَّاحِمِينَ﴾. الأَعْرَاف، ١٥١. | (Eebboow noo dembi dhaaf aniga iyo walaalkay, nana geli naxariistaada adaa naxariis badane ahe). |
| ﴿رَبِّ لَوْ شِئْتَ أَهْلَكْتَهُم مِّن قَبْلُ وَإِيَّايَ أَتُهْلِكُنَا بِمَا فَعَلَ السُّفَهَاءُ مِنَّا إِنْ هِيَ إِلَّا فِتْنَتُكَ تُضِلُّ بِهَا مَن تَشَاءُ وَتَهْدِي مَن تَشَاءُ أَنتَ وَلِيُّنَا فَاغْفِرْ لَنَا وَارْحَمْنَا وَأَنتَ خَيْرُ الْغَافِرِينَ﴾. الأَعْرَاف، ١٥٥. | (Ilaahoow haddaad doonto horaad aniga iyo iyagaba u halaagi lahayd, ma waxaad noo halaagaysaa waxay sameeyeen maangaabyo naga mid ah, tani waa uun imtixaankaaga oo ciddaad doonto waad dhumisaa, ciddaad doontana waad hanuunisaa. Eebboow adaa weli noo ahe noo dembi dhaaf, oo noo naxariiso, adigaa ugu wanaagsan kuwa wax cafiya). |

**6**

## سُورَةُ يُونُس

| | |
|---|---|
| ﴿رَبَّنَا لَا تَجْعَلْنَا فِتْنَةً لِّلْقَوْمِ الظَّالِمِينَ، وَنَجِّنَا بِرَحْمَتِكَ مِنَ الْقَوْمِ الْكَافِرِينَ﴾. يُونِس، ٨٥-٨٦. | (Eebboow ha nagu fidnayn kuwa gardarrada wada ee daalimiinta ah. Naxariistaadana nooga badbaadi qolooyinka gaalada ah). |

**7**

## سُورَةُ هُود

| | |
|---|---|
| ﴿رَبِّ إِنِّي أَعُوذُ بِكَ أَنْ أَسْأَلَكَ مَا لَيْسَ لِي بِهِ عِلْمٌ وَإِلَّا تَغْفِرْ لِي وَتَرْحَمْنِي أَكُن مِّنَ الْخَاسِرِينَ﴾. هُود، ٤٧. | (Eebboow waxaan kaa magan galayaa inaan ku weydiiyo wax aanan cilmi u lahayn, hadaadan ii dambi dhaafin oo aadan ii naxariisanna waxaan ka mid noqonayaa kuwa khasaaray). |

## 8

### سُورَةُ إِبْرَاهِيم

| | |
|---|---|
| (Rabiyoow aniga iyo carruurtayda-ba naga dhig kuwa salaadda ooga, igana aqbal baryada Allahayoow). | ﴿رَبِّ اجْعَلْنِي مُقِيمَ الصَّلَاةِ وَمِن ذُرِّيَّتِي ۚ رَبَّنَا وَتَقَبَّلْ دُعَاءِ﴾. الإبْرَاهِيم، ٤٠. |
| (Eebboow ii dambi dhaaf aniga, waalidkay iyo mu'miniinta, maalinta la is xisaabinayo "qiyaamaha"). | ﴿رَبَّنَا اغْفِرْ لِي وَلِوَالِدَيَّ وَلِلْمُؤْمِنِينَ يَوْمَ يَقُومُ الْحِسَابُ﴾. الإبْرَاهِيم، ٤١. |

## 9

### سُورَةُ الإِسْرَاء

| | |
|---|---|
| (Eebboow waalidkay u naxariiso, oo ugu naxariiso siday ii soo koriyeen anigoo yar). | ﴿رَّبِّ ارْحَمْهُمَا كَمَا رَبَّيَانِي صَغِيرًا﴾. الإِسْرَاء، ٢٤. |

## 10

### سُورَةُ الكَهْف

| | |
|---|---|
| (Eebboow naxariistaada na sii, noogana dhig arrinkeenna mid toosan). | ﴿رَبَّنَا آتِنَا مِن لَّدُنكَ رَحْمَةً وَهَيِّئْ لَنَا مِنْ أَمْرِنَا رَشَدًا﴾. الكَهْف، ١٠. |

## 11

### سُورَةُ مَرْيَم

| | |
|---|---|
| (Rabbiyoow waan tabar darreeyey, madaxiina wuu i caddaaday "cirro awgeed", mana ahayn mid baryadaada ku khasaara). | ﴿رَبِّ إِنِّي وَهَنَ الْعَظْمُ مِنِّي وَاشْتَعَلَ الرَّأْسُ شَيْبًا وَلَمْ أَكُن بِدُعَائِكَ رَبِّ شَقِيًّا﴾. مَرْيَم، ٤. |
| (Eebboow agtaada wehel iga sii "walad/ubad"). | ﴿فَهَبْ لِي مِن لَّدُنكَ وَلِيًّا﴾. مَرْيَم، ٥. |

## 12

### سُورَةُ طَه

| | |
|---|---|
| Nabi Muuse (c.s) wuxuu yiri: (Allahayoow laabta ii waasici yacnii fahanka ii fur, Arrinkaygana ii fududee, igana fur guntinta carrabkayga, ha fahmeen hadalkaygee). | ﴿قَالَ رَبِّ اشْرَحْ لِي صَدْرِي، وَيَسِّرْ لِي أَمْرِي، وَاحْلُلْ عُقْدَةً مِّن لِّسَانِي، يَفْقَهُوا قَوْلِي﴾. طَه، ٢٥-٢٨. |
| (Eebboow ii kordhi cilmi (aqoon). | ﴿رَّبِّ زِدْنِي عِلْمًا﴾. طَه، ١١٤. |

## 13

### سُورَةُ الْأَنْبِيَاء

| | |
|---|---|
| (Eebboow ha iga tegin anigoo keli ah (gablan), adaa u khayr roon cid wax dhaxashee "uhadhee"). | ﴿رَبِّ لَا تَذَرْنِي فَرْدًا وَأَنتَ خَيْرُ الْوَارِثِينَ﴾. الْأَنْبِيَاء، ٨٩. |

## 14

## سُورَةُ الْمُؤْمِنُون

| | |
|---|---|
| (Allahayoow guri barakaysan i deji, adigaa ugu wanaagsan kuwa wax dejiyee). | ﴿رَّبِّ أَنزِلْنِي مُنزَلًا مُّبَارَكًا وَأَنتَ خَيْرُ الْمُنزِلِينَ﴾. الْمُؤْمِنُون، ٢٩. |
| (Eebboow waxaan kaa magan galay waswaaska shayaadiinta iyo inay ii soo dhawaadaan). | ﴿رَبِّ أَعُوذُ بِكَ مِنْ هَمَزَاتِ الشَّيَاطِينِ، وَأَعُوذُ بِكَ رَبِّ أَن يَحْضُرُونِ﴾. الْمُؤْمِنُون، ٩٧. |
| (Eebboow noo dembi dhaaf, noona naxariiso, adigaa kuwa naxariista ugu wanaagsan). | ﴿رَّبِّ اغْفِرْ وَارْحَمْ وَأَنتَ خَيْرُ الرَّاحِمِينَ﴾. الْمُؤْمِنُون، ١١٨. |

## 15

## سُورَةُ الْفُرْقَان

| | |
|---|---|
| (Rabiyoow naga leexi cadaabka Jahannamo, cadaabkeedu waa mid joogta ahe). | ﴿رَبَّنَا اصْرِفْ عَنَّا عَذَابَ جَهَنَّمَ ۖ إِنَّ عَذَابَهَا كَانَ غَرَامًا﴾. الْفُرْقَان، ٦٥. |
| (Eebboow naga sii (naga tusi) haweenkeenna iyo carruurteenna wax ishu ku qabowsato, kuwa dhawrsoonna imaam nooga dhig). | ﴿رَبَّنَا هَبْ لَنَا مِنْ أَزْوَاجِنَا وَذُرِّيَّاتِنَا قُرَّةَ أَعْيُنٍ وَاجْعَلْنَا لِلْمُتَّقِينَ إِمَامًا﴾. الْفُرْقَان، ٧٤. |

## 16

### سُورَةُ الشُّعَرَاء

﴿رَبِّ هَبْ لِي حُكْمًا وَأَلْحِقْنِي بِالصَّالِحِينَ، وَاجْعَلْ لِي لِسَانَ صِدْقٍ فِي الْآخِرِينَ، وَاجْعَلْنِي مِن وَرَثَةِ جَنَّةِ النَّعِيمِ، وَاغْفِرْ لِأَبِي إِنَّهُ كَانَ مِنَ الضَّالِّينَ، وَلَا تُخْزِنِي يَوْمَ يُبْعَثُونَ، يَوْمَ لَا يَنفَعُ مَالٌ وَلَا بَنُونَ، إِلَّا مَنْ أَتَى اللَّهَ بِقَلْبٍ سَلِيمٍ﴾. الشُّعَرَاء، ٨٣-٨٩.

(Rabiyoow isii cilmi badan kuwa wanaagsanna igu dar. Eebboow iga dhig mid dadka ka danbeeya ay wanaag ku xusaan, iguna dar kuwa dhaxlaya jannada Naciimo. Rabiyoow udanbi dhaaf Aabbahay wuxuu ka mid ahaa kuwa dhumaye. Eebboow ha i dullayn maalinta dadka la soo bixinayo; waa maalinta aanay xoolo iyo carruur midna wax taraynin, kaliya waxaa badbaadaya qofkii laga helo qalbi nadiif ah/ iimaan leh).

﴿رَبِّ نَجِّنِي وَأَهْلِي مِمَّا يَعْمَلُونَ﴾. الشُّعَرَاء، ١٦٩.

(Eebboow iga kori/badbaadi aniga iyo ehelkaygaba waxay kuwaasi falayaan).

## 17

### سُورَةُ النَّمْل

﴿رَبِّ أَوْزِعْنِي أَنْ أَشْكُرَ نِعْمَتَكَ الَّتِي أَنْعَمْتَ عَلَيَّ وَعَلَى وَالِدَيَّ وَأَنْ أَعْمَلَ صَالِحًا تَرْضَاهُ وَأَدْخِلْنِي بِرَحْمَتِكَ فِي عِبَادِكَ الصَّالِحِينَ﴾. النَّمْل، ١٩.

(Eebboow i waafaji inaan ku mahadiyo nimcadii aad isiisay aniga iyo waalidkay, iyo inaan sameeyo camal wanaagsan oo aad raalli ka tahay. Rabiyoow naxariistaada awgeed igu dar adoomadaada wanaagsan).

## 18

### سُورَةُ الْقَصَص

| | |
|---|---|
| (Allahayoow waxaan dulmiyey naftayda ee ii dembi dhaaf). | ﴿رَبِّ إِنِّي ظَلَمْتُ نَفْسِي فَاغْفِرْ لِي﴾. الْقَصَص، ١٦. |

## 19

### سُورَةُ الْعَنْكَبُوت

| | |
|---|---|
| (Eebboow iiga hiili/iiga gargaar kuwa wax fasahaadiya). | ﴿رَبِّ انصُرْنِي عَلَى الْقَوْمِ الْمُفْسِدِينَ﴾. الْعَنْكَبُوت، ٣٠. |

## 20

### سُورَةُ غَافِر

| | |
|---|---|
| (Eebbaheenoow cilmigaaga iyo naxariistaadu wax kasta wey ka ballaaran yihiin, u dembi dhaaf kuwa toobad keena ee raaca jidkaaga, kana dhawr cadaabka Jaxiimo; Rabiyoow kuwaas waxaad gelisaa jannadii nagaadiga ee aad u ballan qaaday iyaga iyo kuwa suubban ee ah aabbayaashooda, haweenkooda iyo caruurtoodaba, adigaa ah Eebbe qaalib ah oo xikmad badan. Allahayoow ka dhawr xumaanta (ciqaabta), ruuxaad maalintaas ciqaabta ka dhawrto waad u naxariisatay taasina waa liibaanta weyn). | ﴿رَبَّنَا وَسِعْتَ كُلَّ شَيْءٍ رَّحْمَةً وَعِلْمًا فَاغْفِرْ لِلَّذِينَ تَابُوا وَاتَّبَعُوا سَبِيلَكَ وَقِهِمْ عَذَابَ الْجَحِيمِ، رَبَّنَا وَأَدْخِلْهُمْ جَنَّاتِ عَدْنٍ الَّتِي وَعَدتَّهُم وَمَن صَلَحَ مِنْ آبَائِهِمْ وَأَزْوَاجِهِمْ وَذُرِّيَّاتِهِمْ إِنَّكَ أَنتَ الْعَزِيزُ الْحَكِيمُ، وَقِهِمُ السَّيِّئَاتِ وَمَن تَقِ السَّيِّئَاتِ يَوْمَئِذٍ فَقَدْ رَحِمْتَهُ وَذَلِكَ هُوَ الْفَوْزُ الْعَظِيمُ﴾. غَافِر، ٨. |

## 21

### سُورَةُ الدُّخَان

﴿رَبَّنَا اكْشِفْ عَنَّا الْعَذَابَ إِنَّا مُؤْمِنُونَ﴾. الدُّخَان، ١٢.

(Eebboow waannu ku rumaynnay ee naga dulqaad cadaabka).

## 22

### سُورَةُ الْأَحْقَاف

﴿رَبِّ أَوْزِعْنِي أَنْ أَشْكُرَ نِعْمَتَكَ الَّتِي أَنْعَمْتَ عَلَيَّ وَعَلَى وَالِدَيَّ وَأَنْ أَعْمَلَ صَالِحًا تَرْضَاهُ وَأَصْلِحْ لِي فِي ذُرِّيَّتِي إِنِّي تُبْتُ إِلَيْكَ وَإِنِّي مِنَ الْمُسْلِمِينَ﴾. الْأَحْقَاف، ١٥.

(Rabbiyoow igu toosi inaan ku mahadiyo nicmadaada ee aad iigu nicmaysay aniga iyo waalidiintayda, iguna toosi inaan sameeyo camal fiican oo aad raalli ka tahay, iina wanaaji faracayga (Duriyadayda). Anigu waan kuu toobad keenay, waxaana ka mid ahay muslimiinta).

## 23

### سُورَةُ الْحَشْر

﴿رَبَّنَا اغْفِرْ لَنَا وَلِإِخْوَانِنَا الَّذِينَ سَبَقُونَا بِالْإِيمَانِ وَلَا تَجْعَلْ فِي قُلُوبِنَا غِلًّا لِلَّذِينَ آمَنُوا رَبَّنَا إِنَّكَ رَءُوفٌ رَحِيمٌ﴾. الْحَشْر، ١٠.

(Eebboow noo dembi dhaaf annaga iyo walaalaheennii iimaanka (rumaynta) nooga soo horreeyay, hana ka yeelin qalbigeenna mid xiqdi (xasidnimo) u qaada kuwa Eebbe rumeeyay. Rabiyoow adigu waxaad tahay mid dhimrin badan oo naxariis badan).

## 24

### سُورَةُ الْمُمْتَحِنَة

﴿رَبَّنَا عَلَيْكَ تَوَكَّلْنَا وَإِلَيْكَ أَنَبْنَا وَإِلَيْكَ الْمَصِيرُ ۖ رَبَّنَا لَا تَجْعَلْنَا فِتْنَةً لِّلَّذِينَ كَفَرُوا وَاغْفِرْ لَنَا رَبَّنَا ۖ إِنَّكَ أَنتَ الْعَزِيزُ الْحَكِيمُ﴾. الْمُمْتَحِنَة، ٤.

(Eebboow adigaan ku talo saarannay, adigaana kuu toobad keennay, xaggaaga ayaa loo laaban doonaa (aakhiro). Eebboow ha nagu fidnaynin kuwa gaaloobay, noona dembi dhaaf illeen waxaad tahay mid qaalib ah oo xigmad badane).

## 25

### سُورَةُ التَّحْرِيْم

﴿رَبَّنَا أَتْمِمْ لَنَا نُورَنَا وَاغْفِرْ لَنَا ۖ إِنَّكَ عَلَىٰ كُلِّ شَيْءٍ قَدِيرٌ﴾. التَّحْرِيْم، ٨.

(Eebboow noo dhammaystir nuurkeenna, noona dembi dhaaf, adaa wax walba awoodee).

## 26

### سُورَةُ نُوح

﴿رَّبِّ اغْفِرْ لِي وَلِوَالِدَيَّ وَلِمَن دَخَلَ بَيْتِيَ مُؤْمِنًا وَلِلْمُؤْمِنِينَ وَالْمُؤْمِنَاتِ وَلَا تَزِدِ الظَّالِمِينَ إِلَّا تَبَارًا﴾. نُوح، ٢٨.

(Rabiyoow ii dembi dhaaf aniga, waalidiintay iyo ruuxii gala gurigeyga isagoo mu'min ah; si guudna udanbi dhaaf mu'miniinta oo dhan rag iyo dumarba, hana u kordhin daallimiinta waxaan halaag ahayn).

## 27

## سُورَةُ الْفَلَقِ

(Waxaan Eebbaha abuuray subaxa ka magan galay, wixii shar leh sharkiisa, habeenku markuu madoobaado sharkiisa, sharka kuwa guntimaha afuufa ama ku tufa, iyo sharka xaasidka wax xasda iyo waqtiga uu wax xasdayaba).

﴿أَعُوذُ بِرَبِّ الْفَلَقِ، مِن شَرِّ مَا خَلَقَ، وَمِن شَرِّ غَاسِقٍ إِذَا وَقَبَ، وَمِن شَرِّ النَّفَّاثَاتِ فِي الْعُقَدِ، وَمِن شَرِّ حَاسِدٍ إِذَا حَسَدَ﴾. الْفَلَقِ، ١-٥.

## 28

## سُورَةُ النَّاسِ

Waxaan ka magan gelayaa Eebbaha dadka barbaariya ee dadka xukuma ee ah ilaaha dadka, sharka iyo (xumaanta) waswaasiyaha qarsoon. ee waswaasiya laabta (qalbiga) dadka kuwaas wax waswaasiya oo ah jinni iyo insiba.

﴿أَعُوذُ بِرَبِّ النَّاسِ، مَلِكِ النَّاسِ، إِلَٰهِ النَّاسِ، مِن شَرِّ الْوَسْوَاسِ الْخَنَّاسِ، الَّذِي يُوَسْوِسُ فِي صُدُورِ النَّاسِ، مِنَ الْجِنَّةِ وَالنَّاسِ﴾. النَّاسِ، ١-٦.

# GUNAANAD

Mahad dhammaanteed Eebbe ayaa iska leh, anigana ii sahlay soo bandhigidda kitaabkaan, adigana aqrintiisa.

Intaa kaddib, waxaan u mahad celinayaa Hooyo iyo Aabbo oo in badan ila soo dadaalay Rabbi miisaankooda xasanaadka ha ugu daro. Waxaan Eebbe ka baryayaa in aniga, ayaga iyo muslimiinta dhammaanba janatul Firdaws hooygeenna ka dhigo.

Sidoo kale, waxaan u mahad celinayaa culimadii iyo macallimiintii wax i soo bartay iyagana Eebbe dembigooda ha dhaafo.

Waxaa kale oo aan u mahad celinayaa dhammaan cid kasta oo ka qayb qaadatay soo saarista kitaabkan. Dhammaantood Eebbe ha wada barakeeyo miisaanka xasanaadkana ha ugu daro.

Waxaan si gaar ah ugu mahad celinayaa Sheekh Cabdicasiis Calas Cartan oo muraajiceeyay kitaabkan, kana saxay wixii sixid ubaahnaa.

Sidoo kale waxaan si gaar ah ugu mahad celinayaa Ibrahim Adan Shire oo si wanaagsan u muraajiceeyay kitaabkan talooyin wax ku ool ahna soo jeediyay.

waxaa kale oo aan umahad celinayaa gabadha iyo wiilka aan adeerka u ahay Lu'Lu Sh. Cabdicasiis Sh. Xasan iyo Salaaxudiin Sh. Cabdicasiis Sh. Xasan oo runtii qayb libaax ka qaatay kitaabkan isku dubaridkiisa iyo soo saariddiisaba.

Waxaa kale oo aan umahad celinayaa qof kasta oo kitaabkan akhrista ama wax ka mid ah akhriya, rabbina waxaan uga baryayaa in uu ku anfaco miisaankiisa xasanaadkana ugu daro khayrka uu jecelyahayna rabbi waafajiyo.

Wixii sixid, su'aal, bogaadin iyo talo ah, Fadlan nagala soo xariir:

Cell: (1) 614 500 0626
sancaani2@gmail.com
www.iqrabookstore.com
Mahadsanidin dhamaantiin.

## Kitaabkan waxaad ka dalban kartaa Maktabadaha:

**Iqra Book Store**
Columbus Ohio, USA
Banadir Mall
Moble: (1) 614 500 0626
Sancaani2@gmail.com
====================
**Arrahma Book Shop**
Birmingham UK
Moble: +44 7735 426 821
====================
**Barako Book Center**
Birmingham, UK
+44 7878 883 182
====================
**Al-aman Book Shop**
London, UK
+44 7534 668 418
====================
**Maktabadda Assunnah**
Mogadishu, Somalia
Mobile +252618848400
====================

www.ingramcontent.com/pod-product-compliance
Lightning Source LLC
Chambersburg PA
CBHW011958090526
44590CB00023B/3776